Chiemgau
Die 100 schönsten Ausflugsziele

Inhalt

Vorwort	12
1 Prien – Unterwegs mit der nostalgischen Dampf-Straßenbahn	14
2 Prien – Ansichten auf dem Priener Postkartenweg	16
3 Prien – Abtauchen im Prienavera	18
4 Prien – Königlich kraxeln im Kletterwald Prien am Chiemsee	20
5 Chiemsee – Das Bayerische Meer mit dem Rad umrunden	22
6 Chiemsee – Auf der Spur von Krickente, Gänsesäger und Co.	24
7 Herrenchiemsee – Das bayerische Versailles	25
8 Herrenchiemsee – Insel der kleinen Vampire	27
9 Herrenchiemsee – Augustiner-Chorherrenstift	28
10 Frauenchiemsee – Romantisches Sommer- und Wintermärchen	30
11 Gstadt – Das St. Tropez am Chiemsee	33
12 Chiemsee – Segeltörn bei Sonnenuntergang	35
13 Breitbrunn – Ein Sommertag am Chiemsee	37
14 Endorfer Land – Die verträumte Seenplatte ist ein Paradies für Paddler	39
15 Bad Endorf – Jüngstes Heilbad in Bayern	40
16 Natzing – Die Itakerhöfe der frühen Gastarbeiter	42
17 Eggstätter Seen – Tanz der Libellen	43
18 Eggstätter Seen – Das versteckte Schlösschen Hartmannsberg	45
19 Halfing im Chiemgau – Vom Pilgerort zum Natur- und Kultur-Mekka	47
20 Amerang – Oldtimer-Museum schreibt Automobilgeschichte	49

Inhalt

21 **Amerang** – Das Bauernhausmuseum — 50

22 **Obing** – Genüssliche Idylle — 51

23 **Obing** – Wintergaudi der besonderen Art — 53

24 **Pavolding** – Die Eisenmänner des Künstlers Kirchner — 54

25 **Seebruck** – Die Brücke über die Alz — 55

26 **Truchtlaching** – Ein Hauch Exotik in der Camba Bavaria — 56

27 **Rabenden** – Der Schnitzaltar am Pilgerweg — 58

28 **Kloster Seeon** – Bewegte Zeiten in beschaulicher Idylle — 59

29 **Seeon** – Der gute Alte Wirt — 61

30 **Seeon** – Naturdenkmal „Mozartbaum" — 62

31 **Seeon** – Ferien auf dem Erlebnisbauernhof — 63

32 **Seeon – Altenmarkt** – Von Kloster zu Kloster — 65

33 **Baumburg** – Klosterstift mit Bräustüberl — 67

34 **Über die Alz** – Mit dem Fährboot über die Alz — 69

35 **Stein an der Traun** – Grusel in der Höhlenburg — 70

36 **Trostberg** – Gutbürgerlich und gemütlich — 71

37 **Tittmoning** – Mit der Salzplätte über die Salzach — 73

38 **Waging am See** – Der warme See wird zur Öko-Oase — 75

39 **Ising** – Vom einfachen Gut zum Nobelhotel — 77

40 **Chieming** – Einziger Ferienort am Ostufer des Chiemsees — 79

41 **Chieming** – Die einsame Kapelle von Stöttham — 81

Inhalt

42 Traunstein – Auf dem Benediktweg den Spuren des Papstes folgen	82
43 Der Tüttensee – Idyll mitten im Wald	84
44 Bergen – Die Kraft des Wassers am Kohlstatt-Wasserfall	86
45 Bergen – Industrievergangenheit im Museum Maxhütte	87
46 Siegsdorf – Im Museum kann man die Entstehung der Alpen erleben	89
47 Siegsdorf – Mineralwasser aus Bad Adelholzen	91
48 Maria Eck – Der Balkon des Chiemgaus	93
49 Inzell – Alles, was das Sportlerherz begehrt	95
50 Inzell – Die Marienwallfahrt in Einsiedl	97
51 Ruhpolding – Wo einst Glocken geschmiedet wurden	99
52 Ruhpolding – Das Holzknechtmuseum	101
53 Ruhpolding – Der Staubfall – wo einst Schmuggler unterwegs waren, wandern heute Touristen	103
54 Ruhpolding – Familienspaß im Freizeitpark	105
55 Reit im Winkl – Winklmoosalm – Heimat der „Gold-Rosi"	106
56 Reit im Winkl – Höhenflüge auf dem Gebirgspass	108
57 Reit im Winkl – Was sich wanderlustige Frauen im Urlaub wünschen	109
58 Schleching – Perle des Achentals	111
59 Schleching – Die Streichenkapelle	112
60 Schleching – Im Schatten zwischen König und Kaiser	114
61 Schleching – Hängebrücke über der Tiroler Achen	116

Inhalt

62 Marquartstein – Richard Strauss und der Hofwirth 118

63 Marquartstein – Mit der Hochplattenbahn in die 120
Bergerlebniswelt schweben

64 Grassau – Salz und Moor im Museum Klaushäusl 121

65 Grassau – Von Alm zu Alm wandern 123

66 Übersee am Chiemsee – Heiße Rhythmen beim Chiemsee Summer 125

67 Übersee am Chiemsee – Das Künstlerhaus Exter 127

68 Bernau am Chiemsee – Der Alte Wirt und der Kaiser 128

69 Wildenwart – Zuflucht des letzten bayerischen Königs 130

70 Frasdorf – Zwischen Chiemsee und Simssee 132

71 Frasdorf – Irmgard im Irmgärtchen 133

72 Aschau im Chiemgau – Zu Füßen der Kampenwand 135

73 Aschau im Chiemgau – Das Bankerldorf ® – 137
Von Bankerl zu Bankerl das Dorf erkunden

74 Samerberg – Sanfter Hügel zu Füßen schroffer Berge 138

75 Samerberg – Unterwegs auf dem Vierkirchen-Weg 141

76 Grainbach – Unverfälschte Wirtshaustradition auf dem Dorfplatz 143

77 Priental – Das „blaue Gold" aus den Chiemgauer Alpen 144

78 Sachrang – Das Bergdorf und sein Unikum 146

79 Kiefersfelden – Von Passions- zu Ritterspielen 148

80 Oberaudorf – Mit der Sennerin auf der Alm 150

Inhalt

81 **Oberaudorf** – Erste Bergwanderschule Deutschlands		152
82 **Oberaudorf** – Auszeit auf dem Berg		154
83 **Nußdorf am Inn** – Ausgezeichnete Gemeinde am Inn		156
84 **Nußdorf am Inn** – Auf holprigem Weg zur Einsiedelei Kirchwald		158
85 **Flintsbach** – Die Hohe Asten im Mangfallgebirge		160
86 **Brannenburg** – Sommerkolonie der Münchner Künstler		162
87 **Wendelstein** – Der Erlebnisgipfel		164
88 **Fischbachau** – Sakralbauten der besonderen Art		166
89 **Bad Feilnbach** – Apfel und Moor beugt Krankheiten vor		168
90 **Bad Feilnbach** – Pilgernd zur Ruhe kommen		170
91 **Bad Feilnbach** – Ein Paradies für Schnapsbrenner		171
92 **Berbling** – Schmuckstück bei Bad Aibling		173
93 **Bad Aibling** – Ältestes Moorbad in Bayern		174
94 **Stephanskirchen** – Der Gocklwirt und seine Antiquitäten		176
95 **Rosenheim** – Lebendige Metropole am Inn		178
96 **Rosenheim** – Auf den Spuren alter Bäume		181
97 **Rosenheim** – Auf den Spuren der Rosenheim-Cops		182
98 **Rosenheim** – Radtour von Rosenheim nach Wasserburg		184
99 **Edling** – Das Amphitheater am Stoa		186
100 **Wasserburg** – „Halbinsel" am Inn		187
Bildnachweis		189

9

Vorwort

Im Süden eine eindrucksvolle Bergwelt, davor eine sanfte Hügelkette und mittendrin der Chiemsee – diese Trilogie charakterisiert die Szenerie des Chiemgaus.

Kaum eine andere Landschaft in Deutschland wirkt so anziehend wie der Chiemgau. Immer auf der Suche nach Inspirationen zog es junge Schöngeister schon vor über hundert Jahren in die malerische Landschaft im Südosten Oberbayerns. Dichter ließen ihre Eindrücke in poetische Texte fließen, während Maler die romantischen Motive auf die Leinwand bannten.

Mit der Postkutsche und dann im Ruderboot steuerten die Künstler damals eines ihrer Lieblingsziele, die Fraueninsel im Chiemsee, an. Heute kann man bequem von Gstadt oder Prien mit dem Motorschiff auf das Eiland übersetzen. Wer den Zug für seinen Ausflug an den See nimmt, legt, ganz nostalgisch, das letzte Stück Weg vom Bahnhof Prien zum Hafen mit der weltweit einzigen dampfbetriebenen Straßenbahn zurück.

Der Chiemgau ist eine gewachsene Kulturlandschaft zwischen Inn, Alz und Traun, im Süden begrenzt von Bergen. Das Herz der Landschaft ist der Chiemsee. Rund 80 Quadratkilometer misst der drittgrößte See Deutschlands, der als Segelrevier weithin beliebt ist. Vor allem aber die Ausflugsfahrten mit der Chiemseeflotte auf die Herren- und Fraueninsel locken alljährlich Tausende Touristen. Der eigentliche Zauber des bayerischen Meeres liegt indessen in seinem harmonischen Zusammenspiel mit der weiten grünen Landschaft, die das Gewässer umgibt. Im Norden wird diese weite Ebene von einer sanft ansteigenden Hügelkette begrenzt. Im Süden dagegen prallt sie recht unvermittelt auf die schroff aufragenden Chiemgauer Alpen. An klaren Tagen ist auch das österreichische Kaisergebirge deutlich zu erkennen, das die zackige Bergkette aus Hochfelln, Hochgern und Kampenwand fast bedrohlich überragt. Ein majestätischer Abschluss der unbeschwerten Heiterkeit, die von den Seen und der flachwelligen Wald- und Wiesenlandschaft ausgeht.

Hauptattraktion ist Schloss Herrenchiemsee auf der gleichnamigen Chiemsee-Insel, ein Versailles-Nachbau des bayerischen Märchenkönigs Ludwig II. und mit Abstand die populärste Sehenswürdigkeit im Chiemgau. Doch es gibt auch stillere Ecken in dem unvergleichlich vielfältigen Landstrich.

Leben und Treiben herrscht rund um die Segelreviere und Badegewässer. In

Vorwort

den feuchten Moorgebieten um die beliebte Eggstätt-Hemhofer Seenplatte nordwestlich des Chiemsees ist indessen eine zarte Melancholie zu spüren. In dem geschützten Gebiet lässt es sich gut wandern und dabei seltene Pflanzen bestaunen oder den „Tanz der Libellen" beobachten. Zwischen Inn und Alz gibt es reichlich Kunst zu entdecken. Nahezu jede Dorfkirche und jede Kapelle am Wegesrand wartet mit einem Kleinod auf. Oft sind das ergreifende Meisterwerke zu Ehren des Glaubens. Die Kirchenkunst blüht im Chiemgau seit Jahrhunderten. Den Anfang setzten die Benediktiner mit der Gründung der beiden Inselklöster zur geistlichen und kulturellen Befruchtung.

Der Chiemgau ist aber auch ein bäuerliches Land. Seine Siedlungen sind selten größer als stattliche Dörfer. Am ehesten haben sich Städte entlang der Handelsrouten entwickelt. Sowohl der Inn als auch die Salzach waren bedeutende Transportwege für den seit dem Mittelalter wichtigen Salz- und Holzhandel. Das Geschäft blühte und zog Menschen aus nah und fern an. So entwickelte sich auch eine städtische Kultur.
Die beiden Innstädte Rosenheim und Wasserburg lassen auch heute noch etwas von der frühen Dynamik erahnen,

besonders Rosenheim als wirtschaftliches Zentrum des südöstlichen Oberbayern. Dank seiner Fachhochschule ist die Chiemgau-Metropole auch eine junge Stadt, im Gegensatz zu den Städten an der Salzach, die bis 1816 zum Kurfürstentum Salzburg gehörten. Sie scheinen in einem unendlichen inneren Frieden zu ruhen, völlig unberührt von modernen Entwicklungen im übrigen Chiemgau. Tittmoning ist ein Beispiel dafür. In der Grenzstadt zum Salzburger Land scheint die Zeit stehen geblieben zu sein. Dieser Eindruck rührt nicht zuletzt von der nahezu perfekt erhaltenen Inn-Salzach-Bauweise. Eine einmalige Filmkulisse für weiß-blaue Geschichten wie das „Königlich Bayerisches Amtsgericht". Auch andere Orte im Chiemgau sind oft Schauplatz von Tragikomödien oder alpenländischen Musikantenstadln und belegen damit beste Sendeplätze.
Dennoch sind die Chiemgauer nicht gewillt, für gute Geschäfte ihre Identität preiszugeben. Charakteristische Sitten und Traditionen bergen zwar die Gefahr in sich, zu billiger Folklore zu verkommen. Die Eigenwilligkeit dieses ursprünglichen Bergvolks lässt sich davon aber nicht beirren, es hält beharrlich an den traditionellen Bräuchen fest, ganz gleich, ob Touristen alles fotografieren oder nicht.

1 Prien

Unterwegs mit der nostalgischen Dampf-Straßenbahn

Wohl jedem, der schon einmal am Chiemsee war, ist das laut pfeifende, wie Spielzeug anmutende Bähnle aufgefallen. Doch nur wenige können sich vorstellen, dass die knapp 130 Jahre alte, letzte deutsche Dampf-Lokalbahn, die täglich zwischen dem Bahnhof in Prien und dem Hafen in Stock verkehrt, die weltweit einzige Straßenbahn ist, die mit Dampf über schmale Schienen rattert. Ludwig II. hat, allerdings erst nach seinem Ableben, den Dampfzug auf die Schiene gebracht. Genau genommen war es das unvollendete Schloss des Märchenkönigs, das die Initiative ausgelöst hat, ein Bähnchen durch Prien dampfen zu lassen. Als der Prunkbau auf Herrenchiemsee nach dem Tod des Monarchen zur Besichtigung freigegeben wurde, folgte ein ungeahnter Besucheransturm. Das löste ein derartiges Verkehrschaos auf den knapp zwei Kilometern zwischen dem Priener Bahnhof und dem Hafen in Stock aus, dass sich die Einheimischen sicher waren: „So kann es nicht weitergehen". Bis zu 60 Pferdefuhrwerke stauten sich an manchen Tagen auf diesem kurzen Stück Weg. Schiffskapitän Feßler hatte die zündende Idee und stellte gemeinsam mit dem Münchner Lokomotivbauer Krauss & Comp die Weichen für die Schmalspurbahn, die bis heute mit 15 Kilometern pro Stunde durch die Ortschaft zuckelt. Seitdem ist die florie-

Prien mit der Pfarrkirche Mariä Himmelfahrt – im Vordergrund St. Salvator, im Hintergrund der Chiemsee

Prien

rende Flotte der Chiemsee-Schifffahrtslinien mit inzwischen 14 Schiffen fest in den Händen der Familie Feßler.
Zu besonderen Gelegenheiten zieht die 60 PS-Lokomotive den historischen Salonwagen durch das quirlige Chiemsee-Städtchen. Zum 150-jährigen Jubiläum der Lokalbahn wurde der nostalgische Waggon aus dem Museum geholt und restauriert.
Ein Schmankerl für Eisenbahnfans: Die Waggons werden noch heute manuell aus ihrer Remise auf die Schiebebühne gehoben.

Informationen:
Die Chiemsee-Dampftrambahn verkehrt täglich zehnmal vom Bahnhof Prien zum Hafen in Stock. Von Oktober bis Mai geht das Nostalgiebähnle in die Winterpause.
Auskunft beim Schifffahrtunternehmen Feßler, Tel.: 08051 6090

In Prien verkehrt die älteste Dampf-Straßenbahn der Welt.

Die Munzinger Linde spendet Schatten für eine Rast.

Ansichten auf dem Priener Postkartenweg

Unterwegs in und um Prien fällt dem neugierigen Wanderer manches auf, über das er gern mehr erfahren würde. Bei den malerischen, reich mit Blumen geschmückten Häusern im alpenländischen Stil fragen sich Interessierte, was die charakteristische Fachwerkbauweise im Chiemgau bedeutet. Im Eichental stellt sich die Frage, woher die Naturkräfte kommen und was sie bewirken. Oder was verbirgt sich hinter dem Begriff „vicinus" und was hat das mit der Bahnlinie Prien-Aschau zu tun?

Antworten auf viele Fragen zur Landschaft und Kultur des Chiemgaus, zu seiner Flora und Fauna erhält man auf dem Priener Postkartenweg, der zu 18 teilweise interaktiv gestalteten Stationen führt.
Erste Station ist die sagenumwobene Munzinger Linde. Auf einer Tafel ist der imposante Baum anschaulich beschrieben. Auch der Bundwerkstadl und die Arbinger Kapelle stellen sich auf dem Postkartenweg ausführlich vor. Nachdem man einiges über Kaltenbach, Lei-

Prien 2

ten und die weiten Streuobstwiesen und Obstbrennereien erfahren hat, geht es zum Urschallinger Bahnhof. Hier ergibt sich die Gelegenheit, die Postkartentour gemütlich mit der Chiemgau-Bahn fortzusetzen. Dabei kommt man dem Begriff „vicinus" auf die Spur. Vorher lohnt sich ein Blick in die Urschallinger St. Jakobus Kirche mit ihrem Freskenzyklus. Im Stil einer Bildergeschichte werden dabei Szenen aus dem Alten und dem Neuen Testament erzählt.

Auf der nächsten Station kann man seinen kriminalistischen Spürsinn testen. Beim Schurff-Marterl in Siggenham geht es darum, ob es Mord oder ein Unfall war, als Wilhelm IV. Schurff vom Pferd und in den Tod stürzte. Die nächste Frage stellt sich in der sehenswerten Salvator-Wallfahrtskirche, die der Legende nach infolge eines Wunders errichtet worden sein soll. Welches Mirakel dazu führte, dass die Kirche auf dem Hügel zum Wallfahrtsort werden konnte, erfährt man vor Ort.

Im Eichentaler Schützenhaus erzählen die Bilder auf den Schützenscheiben anschaulich von kleinen und großen Ereignissen rund um Prien. Die nächsten Stationen führen zum mittelalterlichen Priener Marktplatz und weiter ins historische Handwerkerviertel Gries und zum Anwesen des Chiemgau-Malers Bartholomäus Wappmannsberger (1894–1984). Im Haus des Gastes endet der Weg. Wer sich für Chiemsee- und andere Fische interessiert oder mehr über die Kraft von Wasser und Steinen erfahren möchte, macht sich auf den Weg zu den letzten drei Stationen ins Eichental. Vielleicht weckt die Wanderung auf dem Postkartenweg anschließend Lust, selbst mal wieder eine Postkarte zu verschicken.

Informationen und ausführliches Kartenmaterial:
Kur- und Tourismusbüro Prien, Alte Rathausstraße 11, 83209 Prien am Chiemsee, Tel.: 08051 69050, www.tourismus.prien.de

Weiterer Themenweg:
Der Priener Kneippweg mit neuem Barfußweg ist ein Spaziergang vom Chiemseeufer über den Herrnberg durch den historischen Ortskern bis in den Naturpark Eichental. Ausgangspunkt ist das Prienavera Erlebnisbad, Entfernung: knapp 4 Kilometer

Was es sonst noch gibt:
Die „Kulturmeile Prien" führt durch die traditionsbewusste Gemeinde mit modernen Facetten. Den Traditionen widmet sich beispielsweise die Galerie im Alten Rathaus, während in der „Casa Kronast" hochkarätige zeitgenössische Kunst ausgestellt ist. Kombiniert mit einem feinen Gastronomiebetrieb bietet die Galerie einen erlesenen Kunst- und Gaumengenuss. Weitere Stationen führen ins Heimatmuseum über eine historische Galerie der Chiemseemaler, in bedeutende Kirchen und nicht zuletzt auf den Marktplatz mit seiner Häuserzeile aus dem 19. Jahrhundert.
Informationen über das Kur- und Tourismusbüro Prien am Chiemsee, Tel.: 08051 69050, www.tourismus.prien.de

Über dem Chiemsee erhebt sich die Kampenwand.

Abtauchen im Prienavera

Nahe des Priener Hafens liegt das im Stil einer Riesenmuschel gestaltete Prienavera Strandbad. Wenn die Luft im Frühling oder im Herbst klar, aber noch oder schon zu kühl für ein Bad im See ist, kann man im beheizten Außenbecken planschen und dabei den Ausblick auf die Herreninsel mit der eindrucksvollen Westfassade des märchenhaften Königsschlosses genießen. Etwas weiter südlich fällt der Blick auf die Kampenwand und die Chiemgauer Berge. Wenn es dann doch zu kühl wird, schwimmt man hinein in die große Schwimmhalle mit ihren sechs Becken. Im Strömungskanal lässt man sich vom Wasser tragen und weckt anschließend müde Muskeln an den Sprudeldüsen oder auf einer der Unterwasserliegen. Dann folgt das Fitnessprogramm im 25-Meter-Schwimmbecken. Nachdem man seine Bahnen gezogen hat, geht es zur Tiefenentspannung ins Wellnessbecken mit Farblichtspielen und Unterwassermusik. Wer es spritziger mag, genießt Licht- und Wasserspiele auf einer Rutschpartie durch die 70 Meter lange Röhrenrutsche. Danach ist Schwitzen im weitläufigen Saunagarten angesagt oder aber ein Sonnenbad auf einer der beiden Sonnenterrassen, wo man von der angenehm frischen Frühlings- oder Herbstluft umspielt wird. Was einst Mark Twain nach einem entspannenden

Badetag empfand, spürt man auch hier: „Nach zehn Minuten kann man die Zeit und nach zwanzig Minuten die Welt vergessen."
Wenn allerdings an Sonntagen oder während der Schulferien nicht nur das Strandbad, sondern auch das Hallenbad samt Außenbecken von Familien bevölkert wird und in alle Ecken Lärm dringt, ist es mit der Entspannung vorbei. Dann kann es tatsächlich passieren, dass die Türen wegen Überfüllung so lange geschlossen bleiben, bis ein Badegast geht. Von Oktober bis April hingegen kann man im Prienavera fast immer herrlich entspannen. Von der zum See hin voll verglasten Schwimmhalle öffnet sich ein weiter Blick über die Landschaft, und man fühlt sich mittendrin in der Natur, während die Augen auf dem Chiemsee ruhen, der an stürmischen Tagen hohe Wellen aufwirft. Einen weiteren Vorteil bietet ein Besuch in der Herbst-, Winter- oder Frühlingszeit: Das Bad ist dann täglich bis 22 Uhr geöffnet.

Informationen:
Prienavera Erlebnisbad, Seestraße 120, 83209 Prien am Chiemsee,
Tel.: 08051 609570, www.prienavera.de
Das Erlebnisbad am Ufer des Chiemsees garantiert auch bei schlechtem Wetter Badespaß. Tauchkurse, Massagen und Solarium runden den Erlebnistag ab.
Öffnungszeiten: Montag bis Freitag 10 bis 21 Uhr, an Wochenenden und Feiertagen 9 bis 21 Uhr, Oktober bis April bis 22 Uhr
Sauna täglich 10 bis 21 Uhr
Strandbad Mai bis September täglich 9 bis 20 Uhr

Wie man hinkommt:
Autobahn A8 München – Salzburg, Ausfahrt Bernau, Richtung Prien, in der Ortsmitte den Hinweisschildern „Prienavera" folgen.

Abends wird das Prienavera in ein tiefes Blau gehüllt.

Königlich kraxeln im Kletterwald Prien am Chiemsee

Der Kletterwald in Prien ist ein ganz besonderes Ausflugsziel. Direkt am Chiemsee gelegen, ist der größte und schönste Kletterwald des Chiemgaus in einen über hundert Jahre alten Baumriesenwald eingebettet. Die 13 unterschiedlichen Parcours sind in ihren jeweiligen Schwierigkeitsgraden so aufgebaut, dass die kleinen Kletterer auf den beiden Kinderparcours großen Spaß haben und großen Kraxlern, die eine Herausforderung suchen, Adrenalinschübe sicher sind. Auch dabei steht der Spaß im Vordergrund, ebenso wie beim Tandem-Parcours, durch den man nur zu zweit kommt. Über die Burma-Bridge und das Spinnennetz oder die Sprossenbrücke kommen bereits Siebenjährige sicher auf die andere Seite.

Der Blick vom Chiemsee-Panoramabalkon aus 14 Metern Höhe bietet einen ganz eigenen Kick. Für alle, die danach immer noch nach ihren Grenzen suchen, bietet sich der schwarze Parcours an. An der Kletterwand wie auch bei den anderen anspruchsvollen Hindernissen verspürt man ganz sicher ein ängstlich-lustvolles Prickeln.

In jedem Fall gibt es vorab eine Sicherheitseinweisung in das jeweilige Sicherungssystem „Smart Belay". Vorkenntnisse sind nicht nötig.

In diesen Höhen sollte der Kletterer schwindelfrei sein.

Prien 4

Informationen:
Der Kletterwald Prien am Chiemsee befindet sich etwa 100 Meter entfernt vom Hafen Prien/Stock in Richtung Yachthotel Harrasser Straße 39, 83209 Prien am Chiemsee
Tel.: 08051 9650885 (Wald), 08071 1035150 (Büro), www.kletterwald-prien.de

Wie man hinkommt:
Autobahn A8 München – Salzburg, Ausfahrt Bernau, Richtung Prien, in der Ortsmitte den Schildern zum Hafen folgen und weitere 100 Meter Richtung Yachthotel fahren.

Was es sonst noch gibt:
Neben dem Klettervergnügen organisieren die Kletterwaldbetreiber auch verschiedene Events wie die Piraten-Rallye mit spannenden Stationen, das Kletterwaldabenteuer mit Bogenschießen oder aber auch ein individuelles Teamtraining.

Vom Kletterwald wird ein herrlicher Blick über den Chiemsee geboten.

5 Chiemsee

Von der Halbinsel Urfahrn wirkt die Herreninsel zum Greifen nah.

Das Bayerische Meer mit dem Rad umrunden

Eine Runde mit dem Fahrrad um den Chiemsee zu drehen, ist ein Muss für jeden, der mit der Landschaft auf Tuchfühlung gehen möchte.

Zwei Wege führen um das Bayerische Meer: Der Chiemsee-Rundweg ist mit seinen 57 Kilometern ein kombinierter Rad- und Fußweg, der streckenweise in Ufernähe verläuft. Da er teilweise sehr schmal ist, müssen Radler Spaziergängern öfter mal den Vortritt lassen.

Auf dem 55 Kilometer langen Chiemsee-Radweg kann man etwas sportlicher in die Pedale treten. Dabei empfehlen sich kleine Abstecher, etwa wenn man ein lauschiges Plätzchen am Wasser zur Mittagspause sucht. Dann kann man den Blick auch einmal Richtung Chiemgauer Alpen schweifen lassen oder das Ballett der kleineren Segelboote beobachten.

Wer es ganz gemütlich haben möchte, kann während der Sommersaison die „Chiemsee-Light-Tour" ab Prien oder Chieming wählen und nach der Radtour um den halben See mit einem Schiff zum Ausgangspunkt zurückkehren oder noch einen Ausflug auf die Herren- oder Fraueninsel unternehmen.

Die Bade- oder Biergartenpause nicht mitgerechnet, sollte man für die gesamte Seeumrundung etwa vier Stunden einplanen. Aber wer verzichtet schon auf eine Pause zwischendurch bei den zahlreichen Rastmöglichkeiten? Rund

Chiemsee 5

um den Chiemsee finden sich zahlreiche Biergärten und traditionsreiche Lokale, in denen man sich fangfrische Fische aus dem Chiemsee schmecken lassen kann. Anschließend schwingt man sich mit neuem Elan in den Sattel.

Informationen:
Priener Tourismus GmbH, Alte Rathausstr. 11, 83209 Prien am Chiemsee, Tel.: 08051 69050, www.tourismus.prien.de

Radservice:
Fahrradverleih (auch E-Bikes) und Reparaturservice gibt es in Prien am Chiemsee, Chieming, Bernau am Chiemsee, Breitbrunn am Chiemsee, Gstadt am Chiemsee, Seeon-Seebruck und Übersee. Transport: Mit der Chiemsee Ringlinie kann man von Ende Mai bis Mitte Oktober Teilstrecken mit dem Rad- und Wanderbus zurücklegen.

Was es sonst noch gibt:
Historische Radtour – „Chiemsee, König und Kanonen" lautet der Titel einer geführten Radtour ab Prien am Chiemsee. Guide Christian Kaufmann erzählt von alten Bräuchen und Traditionen in den Dörfern der Region, über Historisches von den Römern, die einst hier gesiedelt haben, bis hin zum Märchenkönig Ludwig II., der sich auf Herrenchiemsee ein Schloss gebaut hat. Rast macht die Radltruppe während der fünfstündigen Tour an einem Bauernhofcafé oder in traditionellen Wirtshäusern am See.

Die Fraueninsel im letzten Sonnenschein

Chiemsee

Am Chiemsee lassen sich Silberreiher beobachten.

Auf der Spur von Krickente, Gänsesäger und Co.

Längst nicht alle Vögel kehren dem „Bayerischen Meer" in der kalten Jahreszeit den Rücken. An den schnee- und reifbedeckten Schilfufern halten viele der gefiederten Gesellen auch bei Minusgraden die Stellung. Ausgerüstet mit Ferngläsern nehmen Hobby-Vogelkundler dann zusammen mit dem Ornithologen Gerhard Märkl entlang der natürlichen Seepromenade die Spur auf. Einzelne Pfade und Stege führen dabei sogar direkt ans Wasser und ermöglichen eine gute Sicht auf Tafelenten und Silberreiher. Unterdessen erfährt man vom Vogel-Experten Wissenswertes zu den rund 300 Vogelarten, die bisher am Chiemsee gezählt wurden. Die Vögel gehen immer im Winter auf die Balz. Das exotisch bunte Imponier-Gefieder, mit dem sie um einen Partner werben, erfreut alle Vogelfreunde. Auch die Laute sind in dieser Zeit deutlich intensiver, wie etwa das seltsame „Gick", dem die mit Vorliebe im Uferschlamm wühlende Krickente ihren Namen verdankt. Wenn man Glück hat, kann man auch den Gänsesäger dabei beobachten, wie er seine Flügel, die es auf eine beeindruckende Spannweite von knapp einem Meter bringen, ausbreitet.

Über die Prien führt die Vogelerkundungsspur an die Rimstinger Landspitze. Auf den Sandbänken des Mündungsgebiets ruhen sich die Kormorane sowie die Mittelmeer- und Mantelmöwen aus. Am Ende der Tour durch das winterliche Naturschutzgebiet kann man von der „Hütte am See" die weite Sicht über den Schafwaschener Winkl genießen.

Die zweistündigen Führungen finden im Januar und Februar jeweils ab 14 Uhr statt. Ausgangspunkt ist das Erlebnisbad Prienavera in Prien.

Der Kostenbeitrag pro Person beträgt 5,50 Euro.

Informationen:
Kur- und Tourismusbüro Prien, Alte Rathausstraße 11, 83209 Prien a. Chiemsee,
Tel.: 08051 69050, www.tourismus.prien.de

Herrenchiemsee

Schloss Herrenchiemsee imponiert durch perfekte Symmetrie und Formung.

Das bayerische Versailles

In seinem Namensvetter, dem französischen König Ludwig XIV., hat der bayerische König Ludwig II. sein großes Vorbild gesehen. Der „Kini" träumte von einem bayerischen Versailles, das den Prunkbau des „Sonnenkönigs" en miniature kopieren sollte. Die Insel „Herrenwörth" im Chiemsee schien dem von schwärmerischer Sehnsucht und einem Drang nach Einsamkeit beseelten Wittelsbacher ein geeigneter Ort, seinen Traum zu erfüllen. 1873 erwarb er deshalb die größte der drei Inseln im „Bayerischen Meer", das heutige Herrenchiemsee.

Nicht zuletzt den Träumereien des Naturfreundes Ludwig ist es zu verdanken, dass die Abholzung des Waldes, der das Eiland bis heute bedeckt, verhindert wurde. Das Schloss selbst sollte ursprünglich wie der Palast des „Sonnenkönigs" mehrere Gebäudeflügel umfassen und einen Park schöner noch als die Anlage in Versailles. Die Räume ließ der König mit edelstem Mobiliar ausstatten. Sein Hang zum Verschwenderischen wird besonders in der dem Spiegelsaal von Versailles nachempfundenen Großen Galerie sichtbar, in der sich 44 Standleuchter und 33 Glaslüster in den Wänden spiegeln.

Kein Wunder, dass dem Märchenkönig das Geld ausging und das gewaltige Bauunternehmen unvollendet blieb.

7 Herrenchiemsee

Der sündhaft teure Park, ein Entwurf von Hofgartendirektor Carl von Effner, war da zum Glück schon fertiggestellt. Inmitten der hügeligen, bewaldeten Insel scheinen seine Blumenbeete, Brunnen und Bassins mit vergoldeten Figuren wie aus einer anderen Welt.

Im Südflügel des Schlosses ist die Lebensgeschichte des sagenumwobenen Monarchen in einem modern gestalteten Museum dargestellt. Zahlreiche Exponate, Porträts oder auch der Krönungsmantel des Königs verleihen dem Phantom einen Hauch an Lebendigkeit.

Informationen:
Schloss- und Gartenverwaltung Herrenchiemsee, Altes Schloss 3, 83209 Herrenchiemsee, Tel.: 08051 68870, www.herrenchiemsee.de
Öffnungszeiten:
April bis Oktober
täglich 9 bis 18 Uhr,
November bis März
täglich 9.40 bis 16.15 Uhr.
Neues Schloss: tägliche Führungen
Wasserspiele:
Mai bis Oktober
täglich 9.35 bis 17.35 Uhr, alle 15 Minuten
Kutschenfahrten von der Schiffsanlegestelle zum Schloss und zurück:
Mitte April bis Ende Oktober

Auch der Spiegelsaal wurde Schloss Versailles nachempfunden.

Herrenchiemsee 8

Insel der kleinen Vampire

„Kleine Hufeisennase", „Großes Mausohr" oder die haarige „Wimpernfledermaus" – ab dem Frühjahr geht es mit dem Naturführer Jakob Nein wieder auf nächtliche Entdeckungstour. Schon in der Dämmerung setzen die Fledermausjäger mit dem Schiff von Prien aus auf die Insel Herrenchiemsee über. Bevor man die nachtaktiven Flugmäuse live und in Aktion erlebt, erzählt der Fledermausexperte Interessantes und Kurioses zu den gespenstischen Tieren. Dann geht es auf eine rund dreistündige Wanderung über die nächtliche Insel, die den bedrohten Fledermäusen immer noch genügend Lebensraum bietet. Anderenorts wurde er durch massive Modernisierungen historischer Bauten immer weiter eingeschränkt. Auch auf Bauernhöfen in moderner Bauweise finden die Tagträumer, die gerne an Balken hängen, keinen geeigneten Platz mehr. Auf der Spur der kleinen Säugetiere bekommen die Nachtwanderer einen besonderen Einblick in die Welt der fliegenden Insektenjäger. Vor allem Uferbereiche, aber auch Wälder und Wiesen sind beliebte Jagdreviere von Fledermäusen. An all diesen Orten herrscht besonders in den Sommermonaten reges Treiben, wenn die Fledermausweibchen Nahrung für ihren Nachwuchs beschaffen.

Etwa zwei Drittel aller in Bayern heimischer Fledermausarten leben auf der Insel Herrenchiemsee. Während der Hochsaison im Sommer bevölkern jedes Jahr etwa 1000 Vertreter der „Kleinen Hufeisennase", des „Großen Mausohrs" und der „Wimpernfledermaus" den königlichen Dachstuhl im Schloss. Weitere 12 Arten der nächtlichen Flattertiere siedeln in Baumhöhlen der dicht bewaldeten Insel. Im Herbst zieht die ganze Schar der Fledermäuse weiter in wärmere Gefilde. Nur das „Große Mausohr" sucht sich im Schlosskeller ein angenehm temperiertes Plätzchen zum Überwintern.
Zum Abschluss der Flugmäuse-Expedition kann man die heimischen Schlossbewohner noch mittels einer permanenten Videoüberwachung beobachten. Sie ist Bestandteil der sehenswerten Fledermausausstellung im Schloss, die übrigens kostenlos ist.

Informationen:
Anmeldung über das Kur- und Tourismusbüro Prien, Alte Rathausstraße 11, 83209 Prien am Chiemsee, Tel.: 08051 69050, www.tourismus.prien.de
Die Termine finden Sie auf der Homepage. Treffpunkt zur Fledermaustour ist immer um 19.45 Uhr in der Durchgangshütte am Anlegesteg der Herreninsel. Die vorherige Überfahrt mit dem Linienschiff der Chiemsee-Schifffahrt erfolgt in Eigenregie.
Teilnahmegebühr für die Fledermausführung: Erwachsene jeweils 18 Euro, Kinder jeweils 15,50 Euro bei einer Teilnehmerzahl ab 25 Personen. Dauer ca. 2,5 Stunden.

Wie man hinkommt:
Autobahn A8 München – Salzburg, Ausfahrt Bernau, Richtung Prien„ in der Ortsmitte den Hinweisschildern Prien-Stock, Schiffsanlegestelle folgen.

Herrenchiemsee

Augustiner-Chorherrenstift

Als König Ludwig II. die Hereninsel 1873 gierigen Holzspekulanten abgekauft hatte und damit vor dem Kahlschlag bewahrte, übernahm er auch die Überreste einer mittelalterlichen Abtei. Im 8. Jahrhundert hatten Benediktiner das Kloster gegründet, aus dem 1130 das Augustiner-Chorherrenstift hervorging. Im Zuge der Säkularisation wurde das Kloster aufgelöst, die Domstiftskirche teilweise abgebrochen und ihr Langhaus zur Brauerei umgebaut. Die Stiftsgebäude, die sich König Ludwig II. aufwendig herrichten ließ und provisorisch als Privatwohnung nutzte, sind ebenso wie die ehemalige Pfarrkirche erhalten geblieben.

Kurz vor der letzten Jahrhundertwende wurde im Stiftsbereich ein Museum eingerichtet, das durch die letzten 1200 Jahre bayerische Geschichte führt. Mit den Themen „Vom Kloster zum Königsschloss" oder „Die Privaträume König Ludwigs II." steht auch hier der bayerische „Kini" im Mittelpunkt. Ein wichtiges

Die Malerei des Kaisersaals hat eine dreidimensionale Wirkung.

Herrenchiemsee

Kapitel bayerischer und deutscher Geschichte wird in der Ausstellung „Weg zum Grundgesetz – Verfassungskonvent Herrenchiemsee 1948" aufgeschlagen. Im königlichen Speisesaal tagte nämlich im August 1948 der Verfassungskonvent, der das Grundgesetz der Bundesrepublik Deutschland entwarf.

Seit 2001 haben die Werke des Münchner Secessionsmalers Julius Exter einen festen Platz in der Gemäldegalerie des Museums. Der bekannte Künstler lebte in Übersee am Südostufer des Chiemsees.

Informationen:
Schloss- und Gartenverwaltung Herrenchiemsee, Altes Schloss 3, 83209 Herrenchiemsee,
Tel.: 08051 68870
Öffnungszeiten:
April bis Oktober 9 bis 18 Uhr,
November bis März 10 bis 16.45 Uhr
Öffnungszeiten Gemäldegalerie Julius Exter:
April bis Oktober 9 bis 18 Uhr,
November bis März geschlossen

Im Bibliothekssaal werden kleinere Veranstaltungen wie Tagungen und Kammerkonzerte abgehalten.

Romantisches Sommer- und Wintermärchen

In der Insel-Töpferei Klampfleuthner bringt sich die ganze Familie mit ein.

Zu den ersten Touristen auf der zweitgrößten der drei Chiemsee-Inseln gehörten junge Maler, die auf der Suche nach romantischen Motiven waren. Vor allen Dingen das malerische Kloster lockte die kreativen Schöngeister an. Zwischen dem üppigen Grün der Bäume lauerten sie oft auf den Klostermauern, bis die Nonnen mit ihren Internatsschülerinnen in den Garten kamen. So jedenfalls hat es der Schriftsteller Felix Dahn beschrieben, einer der Poeten, die sich von der Fraueninsel ebenfalls magisch angezogen fühlten.

Mit Postkutsche und Ruderboot steuerten die Maler und Poeten die Insel damals an. Heute kommt man ganz bequem von Gstadt oder Prien aus mit einem Ausflugsdampfer auf das 15 Hektar große Eiland. Prien hat eine eigene Autobahnausfahrt, und selbst die schnellsten Züge halten und haben Anschluss an eine gemütlich bummelnde Lokalbahn zum Hafen Prien Stock, wo im Sommer halbstündlich und im Winter stündlich ein Schiff zu den Inseln ablegt.

Die „Künstlerkolonie Frauenwörth", wie die Insel Frauenchiemsee damals hieß, ist Geschichte. Doch das, was die Künstler während ihrer Insel-Sommerfrische malten und aufzeichneten, ist seit vielen Jahrhunderten fast unverändert erhalten geblieben. Im Mittelpunkt steht dabei das Kloster. Mit seiner charakteristischen Basilika und dem achtkantigen Zwiebelkuppelturm gilt es als Wahrzeichen des Chiemgaus und als geschichtliche Keimzelle Altbayerns. Die heilige Irmingard ist als Schutzpatronin der Region in die Geschichte eingegangen. Sie war im 9. Jahrhundert Äbtissin des Benediktinerinnenklosters Frauenwörth, das Herzog Tassilo III. von Bayern 766 als Stiftung gegründet hatte. Zu der Klosteranlage gehört eine karolingische Torhalle, die mit wertvollen Engelfresken und anderen Kunstschätzen geschmückt ist und als ältester Hochbau Süddeutschlands gilt. Deutlich jüngeren Datums sind die niedlichen Häuser und Gärtchen der etwa 300 Insulaner, von denen noch heute einige dem Fischer- oder dem Kunsthandwerk nachgehen. Auf Schritt und Tritt sieht man Schilder wie: „Täglich frischer Räucherfisch" und Schaukästen mit Inselmotiven in Aquarell. Keramikwaren in allen Variationen kann man auch an den Wochenenden in kleinen Schauräumen begutachten und kaufen.

Auf dem höchsten Punkt der etwa 600 Meter langen und 300 Meter breiten Insel thront eine über tausendjährige Linde. Uralt sind auch die Linden um das gut 600 Jahre alte Gasthaus „Zur Linde", in dem sich einst die Künstler der Malerkolonie trafen. Für die vielen Tagesausflügler von heute ist es in den Sommermonaten oft nicht leicht, überhaupt einen Platz im Biergarten zu finden, jedenfalls tagsüber. Abends wird es dann ruhig. Wer nicht, wie die Mehrzahl der Besucher, spätestens mit dem letzten Schiff der Insel den Rücken kehrt, kann die wohltuende Stille, die dann einkehrt, genießen.

Die einstige Mädchenschule im Kloster dient heute als Gästehaus mit Seminarräumen für Meditations- und Gesundheitskurse. Im Rahmen des Angebots „Urlaub im Kloster" kann man auch die Übernachtungsmöglichkeiten nutzen. Den Betrieb des Klostercafés überlässt die Äbtissin, die das Inselkloster mit inzwischen nur noch 30 Benediktinerinnen verwaltet, einer Brauerei.

Im Herbst und Winter, wenn wesentlich weniger Ausflügler auf die Insel kommen, spürt man die romantische Stimmung besonders. „Dann atme und lebe ich Poesie und brauche sie nicht zu dichten", beschrieb der Poet Felix Dahn die beschauliche Atmosphäre.

Inselkenner schwärmen von der wunderschönen Winterzeit, wenn die Schwestern außer der Kräuterlikör-Destille auch eine Lebkuchenbäckerei betreiben. In der Irmingard-Kapelle hinter dem Hochaltar im Münster kann man dann die jahrhundertealte Barockkrippe mit Szenen aus dem damaligen Volksleben bestaunen. Die Lindenwirtin braut indessen auf einem alten Herd Glühwein nach ihrem Hausrezept, und in jeder der Stuben wärmt ein gemütlicher Kachelofen die überschaubare Zahl an Gästen. Ausnahmezustand herrscht an den

10 Frauenchiemsee

ersten beiden Adventswochenenden (Samstag und Sonntag jeweils 12 bis 19 Uhr), wenn der Christkindlmarkt Scharen von Besuchern auf die Insel lockt.

> **Informationen:**
> Inselführungen & Inselladen Fraueninsel, Monika Huber, Am Uferweg (Ostseite), Frauenchiemsee 29, 83256 Frauenchiemsee, Tel.: 08054 322 (Büro), www.fraueninsel-fuehrungen.de
>
> **Was es sonst noch gibt:**
> Torhalle Frauenchiemsee:
> Im ältesten Hochbau Süddeutschlands ist ein Agilolfinger- und Karolingermuseum untergebracht. Besonders eindrucksvoll sind die gut erhaltenen Wandmalereien. Darüber hinaus sind wechselnde Ausstellungen zu sehen.
> Öffnungszeiten: Mai bis Oktober, täglich 11 bis 18 Uhr, Tel.: 08054 7256

Das Kloster Frauenwörth mit seinem achtkantigen Zwiebelkuppelturm

Gstadt 11

Der Hafen von Gstadt

Das St. Tropez am Chiemsee

Gstadt mit seinem „Vorort" Gollenshausen gilt als Pendant zu St. Tropez an der Côte d´Azur. Jedenfalls haben sich hier – am westlich Chiemseeufer – deutlich mehr Künstler und Betuchte angesiedelt als in jedem anderen Ort am Bayerischen Meer. Das ist nicht weiter verwunderlich, denn allein schon der traumhafte Blick über den See und auf die Inseln bis zu den bayerischen und österreichischen Alpen sowie die kurze Entfernung zur Insel Frauenchiemsee haben von jeher auf viele Schöngeister anziehend gewirkt. Bei der großen Nachfrage zogen die Preise schnell an, die wiederum gut gefüllte Bankkonten erfordern.

Mit der am Ortsrand gelegenen romanischen Kirche St. Petrus aus dem 12. Jahrhundert hat Gstadt auch ein sakrales Kleinod vorzuweisen. Deutlich mehr Besucher fühlen sich indessen zu den kulinarischen Verlockungen hingezogen, die das Restaurant Hofanger auftischt.

Von den holzvertäfelten Stuben hebt sich hier das verglaste Restaurant ab, das einen herrlichen Panoramablick auf den See mit der Bergkette der Alpen im Hintergrund bietet. Versteht sich, dass in dem Gasthaus direkt am See frischer, heimischer Fisch auf der Karte nicht fehlt. Das Renkenfilet wird auch als „Fish & Chips" serviert. Es ist anzunehmen, dass der Küchenchef dadurch auch seine Verbundenheit mit seiner

Gstadt

britischen Heimat zum Ausdruck bringen möchte.
Für Gaumenfreuden der besonderen Art sorgt auch der malerisch auf einer Anhöhe über dem Chiemseeufer gelegene Landgasthof Schalchenhof. In der geschmackvoll eingerichteten Wirtsstube kommen vor allem herzhaft bayerische Gerichte auf den Tisch. Das Fleisch dazu liefert die eigene Galloway-Rinderzucht und der Chiemsee den Fisch. Mit der ausgezeichneten Qualität seiner Küche hat der Schalchenhof beim Wettbewerb „Bayerische Küche" 2010 kräftig Punkte gesammelt.

Informationen:
Restaurant Hofanger, Seestraße 6, 83257 Gstadt am Chiemsee, Tel.: 08054 9080706, www.restaurant-hofanger.com,
Landgasthof Schalchenhof, Schalchen 1, 83257 Schalchen-Gstadt, Tel.: 08054 230, www.schalchenhof.de
Chiemsee-Yachtschule Gollenshausen, Mitterstaße 3a, 83257 Gollenshausen/Post Gstadt, Tel.: 08054 7170, www.cyg.de

Der Schalchenhof wurde bereits im Mittelalter bewirtschaftet.

Chiemsee 12

An einem sonnigen Tag im Sommer ist der Chiemsee von Segelbooten gesäumt.

Segeltörn bei Sonnenuntergang

„Abends ist der See immer am schönsten", schwärmt die junge Seglerin, der die Chiemsee-Schifffahrt gleichsam in die Wiege gelegt wurde. Vater und Großvater waren Kapitäne auf einem der Passagierschiffe, die Inseln und Festland miteinander verbinden. Tochter Alexandra Heistracher bevorzugt die Segelboote. Sie bietet abendliche Sonnenuntergangs- und nächtliche Sternenfahrten auf der familieneigenen Yacht „Oasis" an. Dabei kann man die romantische Stimmung der goldgelb untergehenden Sonne genießen oder selbst beim Segelsetzen Hand anlegen. Anfängern erklärt die junge Chiemsee-Expertin neben dem richtigen Segelsetzen auch die Verkehrsregeln auf dem See. „Lee und Luv" etwa bedeutet, dass das Boot, das sich näher am Wind befindet, ausweichen muss. Ob das alle Segler auf dem Chiemsee wissen, ist allerdings zu bezweifeln. Denn auf dem rund 80 Quadratkilometer großen Gewässer darf jeder segeln, der sich das zutraut – auch ohne Segelschein.

Christina Erl und Christine Haslbeck, zwei Chiemsee–Naturführerinnen, fahren mit ihren Gästen regelmäßig auf der Barkasse „Birgit" an das Delta der Tiroler Achen. Dort erzählen die Chiemsee-Kennerinnen von den Ursprüngen des Gewässers, das aus einem Gletscher der letzten Eiszeit entstanden ist.

Chiemsee

Anfangs muss der See deutlich größer gewesen sein. Dass er bis heute kontinuierlich ein bisschen schrumpft, liegt an den angeschwemmten Sedimenten der Prien, der Tiroler Achen und einigen weiteren Zuflüssen. In 8000 bis 9000 Jahren dürfte der See dann verlandet sein, prophezeien die beiden Naturführerinnen. Bis dahin bleibt noch genügend Zeit, alles, was im Wasser wächst und gedeiht, „unter die Lupe" zu nehmen. Während der Naturerkundung bietet sich nämlich die Gelegenheit, unter dem Mikroskop allerlei „Hüpferlinge" und Wasserflöhe zu beobachten. Außerdem erfährt man, dass die sogenannten Schwebealgen eine wichtige Rolle im Ökosystem des Sees spielen und ihm sein faszinierend grünes Aussehen verleihen.

Wer allein in See stechen möchte, der kann einen Ausflug mit dem Paddelboot unternehmen. Die Touren sowohl für Anfänger als auch ambitionierte Paddler führen immer am Ufer entlang. Besonders beliebt ist die Strecke zwischen Prien und Bernau.

Informationen:
CHIEMSEEYACHT Fam. Heistracher, Seeplatz 8, 83257 Gstadt, Tel.: 08054 906690, www.chiemseeyacht.de
Naturkundliche Fahrten und Führungen: Regionale Chiemsee Agenda Beauftragte des AZV Marlene Berger-Stöckl, Stiedering 1, 83253 Rimsting, Tel.: 08051 690116, www.chiemseeagenda.de
Surfschule Chiemsee, 08051 970244

Anlegeplätze für Segelboote sind am Chiemsee heiß umkämpft.

Breitbrunn 13

Die Mühlner Bucht am Chiemsee

Ein Sommertag am Chiemsee

Das schöne Städtchen am Ufer des Chiemsees ist die älteste Siedlung im Chiemgau. Schon Mitte der Jungsteinzeit um 2300 bis 2000 vor Christus lebten hier Menschen, worauf ausgegrabene Gebrauchsgegenstände wie Feuersteine, Pfeilspitzen und Reste von Tongeschirr hindeuten. Deutlich jünger war die weithin bekannte „Lerche vom Chiemsee". Die stimmlich begabte einstige Wirtin des Gasthauses „Zur schönen Aussicht" brachte es bei aller, von ihren bodenständigen Eltern verordneter Bescheidenheit zwar zur Opernreife. Wirklich berühmt wurde die singende Haus- und Wirtsfrau Susanne Obermair jedoch nicht, denn ihr vorgezeichneter Weg blieb in der Küche und hinterm Tresen.

Die Schriftsteller und Maler, die von auswärts kamen, hatten es dagegen leichter, sich hier, an der „Quelle außerordentlicher Inspiration" zu entfalten. Günter Eich und seine Frau Ilse Aichinger etwa schrieben in Breitbrunn wichtige Werke der deutschen Nachkriegsliteratur. Zahlreiche Maler stellten ihre Staffeleien an Plätzen mit malerischem Fernblick auf. So war die Aischinger Höhe über dem Nachbarort Gstadt ein beliebter Standort für die Künstler. Von hier aus präsentiert sich die Szenerie aus Ufer, See und Inseln noch fassbar nah und doch schon überschaubar entfernt. Das wohl be-

13   Breitbrunn

rühmteste Bild hat Max Beckmann hier oben auf seine Leinwand gebannt. Es trägt den Titel: „Sommertag am Chiemsee".

Das Gasthaus „Zur schönen Aussicht" eröffnet einen weiten Blick auf die verträumte Mühlner Bucht und macht seinem Namen dadurch alle Ehre.

Zwischen der Herren- und der Fraueninsel und den Uferorten Breitbrunn und Gstadt wurden früher farbenprächtige Wasserprozessionen abgehalten. Ganze Flotten glitten dabei meist im Frühjahr über den See, um für eine segensreiche Ernte und um Schutz vor Krankheiten von Mensch und Tier zu bitten.

König Ludwig II. setzte dagegen lieber allein von der Halbinsel Urfahrn auf die zum Greifen nahe Insel Herrenchiemsee über, wo er die Fortschritte beim Bau seines Schlosses überwachte. Die Straße, die vom Breitbrunner Ortsteil Wolfsberg an den südlichsten Punkt der Halbinsel führt, heißt in Reminiszenz an den Monarchen „Königstraße". Auch ein Gedenkstein erinnert an Ludwig. Die Uferwege neben der Königsstraße laden zu Spaziergängen in ursprünglicher Natur ein. Einer führt nach Gstadt, der andere über die Schafwaschener Bucht nach Prien.

Informationen:
Tourist Information Breitbrunn, Gollenshausener Straße 1, 83254 Breitbrunn am Chiemsee, Tel.: 08054 234, www.breitbrunn.com

Wie man hinkommt:
Autobahn A8 München – Salzburg, Ausfahrt Bernau, Richtung Prien, nach Prien Richtung Rimsting weiterfahren und nach Breitbrunn abbiegen.

Der Grundlose See ist ein wunderschönes Wanderziel bei Breitbrunn.

Die Eggstätter Seenplatte ruht märchenhaft in der Chiemgauer Landschaft.

Die verträumte Seenplatte ist ein Paradies für Paddler

Einst führte eine Römerstraße mitten durch die Seenplatte im Endorfer Land. Noch heute kann man die Überreste erkennen. Fuhrwerke aus Bad Reichenhall haben bis 1890 Salz über die Straße der Römer nordwestlich des Chiemsees transportiert. In einem Gasthof in Bad Endorf wurden die Pferde gewechselt. Die Wechselstation ist längst Geschichte. Doch die Endorfer Bahnstation, die der Ort einem „G´spusi" der einstigen Wirtstochter mit einem Bahnbeauftragten verdankt, gibt es noch heute.

Seitdem sich der Urlaubsverkehr zwischen München und Salzburg hauptsächlich auf die Autobahn A8 verlagert hat, die südlich am alpenseitigen Ufer des Chiemsees verläuft, zieht es nur noch wenige Urlauber an die versteckten und verträumten Seen jenseits der Glanzlichter um das „Bayerische Meer".

Dies ist ein Vorteil für Paddler, die sich das landschaftlich geschützte Paradies fast nur mit vereinzelten Badegästen teilen müssen. Auf einsamen Badestegen wie am Langbürgner See ist erholsame Ruhe garantiert.

Darüber hinaus laden viele Wanderwege zu Exkursionen in das moorige Erholungsgebiet ein. Besonders eindrucksvoll ist der „König-Ludwig-Wanderweg", der über das hügelige Land 18 Kilometer weit bis an den Ortsrand von Prien und zurück führt. Von der Ratzinger Höhe aus öffnet sich ein weiter Blick auf Chiemsee, Simssee und die Alpenkette. Dann geht es vorbei an einem winzigen Weingarten zum lauschigen Endorfer Ortsteil Antwort mit seiner barocken Kirche Mariä Himmelfahrt, eines der ältesten Gotteshäuser im westlichen Chiemgau.

Bad Endorf

Die „Chiemgau Therme" in Bad Endorf

Jüngstes Heilbad in Bayern

In bester Lage zwischen Chiemsee, Simssee und Eggstätter Seenplatte ist das jüngste Heilbad Bayerns ein idealer Ort für Badekuren verschiedener Art. Allein die Lage lädt zum genießen ein: Die Therme bietet einen einzigartigen Blick über den Simssee zum Wendelstein. Zudem werden eine große Saunawelt, Aktiv- und Relaxbecken, Whirlpools und ein Strömungskanal geboten. Die stärkste Jod-Thermal-Sole Europas sprudelt hier aus der Tiefe und speist mit heruntergekühlten 32 Grad die Bewegungsbäder des Kurzentrums. Als Reha-Zentrum bei Herz-Kreislauf-Erkrankungen oder bei eingeschränkter Beweglichkeit etwa nach Unfällen hat sich Bad Endorf, das seit 1987 staatlich anerkanntes Heilbad ist, einen Namen gemacht. Trotz Klinikbetrieb wirkt der Kurort immer noch bäuerlich-gemütlich. Dazu trägt auch das „Volkstheater Endorf" bei, das mit seinen 800 Plätzen auf eine lange Tradition von nunmehr 225 Jahren zurückblickt. Es ist das drittälteste Theater in Bayern und vor allem

Bad Endorf

für seine religiösen Schauspiele im Frühsommer bekannt.
Eine wahre Kuriosität ist „Marias Kino", das auch nach dem Tod der Kino-Verrückten Maria Stadler weiter betrieben werden konnte. Seit 1953 hatte die Gründerin in ihren Kur-Lichtspielen mit 450 Plätzen beständig Filme vorgeführt, auch wenn nur ein paar Dutzend Besucher kamen. 1994 starb die Filmbesessene 80-jährig, und aus dem Ein-Frau-Unternehmen wurde dank der Gemeinde und des Vereins „Kultur im Kino" eine Bühne für Kleinkunstveranstaltungen mit einer guten Mischung aus Publikumsfilmen und anspruchsvollem Programm. Dafür hat der Verein schon einige Preise eingeheimst.

Informationen:
Marias Kino, Eisenbartlinger Weg 4, 89093 Bad Endorf, Tel.: 08053 9318, www.marias-kino.de
Chiemgau Thermen GmbH, Ströbinger Straße 18, 83093 Bad Endorf, Tel.: 08053 200 924 oder 930, www.chiemgau-thermen.de
Theatergesellschaft Bad Endorf e.V., Rosenheimer Straße 6, 83093 Bad Endorf, Tel.: 08053 3743, www.volkstheater-bad-endorf.de

Im Foyer von Marias Kino

Natzing

Die Itakerhöfe der frühen Gastarbeiter

Die Itakerhöfe sind Teil der bäuerlichen Kultur.

Unverwechselbar stehen sie in der Landschaft des westlichen Chiemgaus direkt an der Straße zwischen Seebruck und Eggstätt.

Nur der aufmerksame Ausflügler bemerkt die etwas kahlen, aber trotz ihrer Größe wohlproportioniert anmutenden Bauernhäuser mit ihren vielen, mit Rundbögen verzierten Fenstern. Die massigen Einfirsthöfe aus dem späten 19. Jahrhundert wurden von sogenannten „Itakern" gebaut. Das war schon damals keine rühmliche Bezeichnung für Saisonkräfte aus dem Süden, die als Schienen- und Ziegeleiarbeiter, „Wagenschmierführer", Kesselflicker oder Scherenschleifer über die Alpen kamen und sich für kleines Geld verdingten, um ihren Familien das karge Leben ein wenig erträglicher zu machen.

Die reichen Bauern bedienten sich damals der italienischen Gastarbeiter zum Bau ihrer massiven Höfe. Die Bautrupps aus dem Süden legten bei ihrer Arbeit sehr viel handwerkliches Geschick an den Tag. Für die Itakerhöfe wurden meistens unverputzte, dunkle Schlackensteine verwendet. Als Abfallprodukt der im Chiemgau zu der Zeit verbreiteten Eisenhütten war das trockene, leichte Material auch ein gut funktionierender Wärmeaustauschstoff.

Die schlichten, sehr ansehnlich gegliederten Fassaden sind architektonisch gleichsam eine Täuschung: Es scheint, als bestehe das Haus aus vier gleich hohen Stockwerken. In Wirklichkeit sind es jedoch nur zwei Etagen, die einen riesigen Dachboden tragen. Der wurde einst als Kornspeicher genutzt und war, um die Proportionalität des Baus zu wahren, ebenfalls mit einer ganzen Reihe von genau genommen unsinnigen Fenstern versehen.

Die Innenräume der Itakerhöfe haben teilweise die Größe von Tanzsälen. Auch die Treppenaufgänge sind nicht so bescheiden wie sonst in altbayerischen Bauernhäusern üblich, sondern ausladend und bequem. Üppig mit Blumen geschmückte Balkons wie bei den alpenländischen Bauernanwesen hat es bei den Itakerhöfen des westlichen Chiemgaus allerdings niemals gegeben.

Wie man hinkommt:
An der Verbindungsstraße zwischen Seebruck und Bad Endorf (St 2095) liegt Natzing auf halber Strecke.

Was es sonst noch gibt:
Nur wenige Kilometer von Natzing in nördlicher Richtung liegt Eggstätt mit einem verträumten Badestrand am Hartsee.

Eggstätter Seen 17

Malerische Landschaft im Naturschutzgebiet Eggstätt-Hemhofer Seenplatte

Tanz der Libellen

Das wenig bekannte Juwel nordwestlich des Chiemsees gilt als ältestes Naturschutzgebiet in Bayern. Zwischen dem Schilf am Ufer des Eiszeitsees summt und surrt es und über dem Seerosen-Teppich schwirren Dutzende Libellen in schillernden Farben. Naturführerin Ursula Grießer hat sich auf die grazilen Flugakrobaten spezialisiert. Auf ihren Naturführungen vermittelt die Biologin Wissenswertes über den Mikrokosmos der Eggstätt-Hemhofer Seenplatte und die 80 Libellenarten, die sich um die geschützten Gewässer tummeln. Darunter sind so seltene Tiere wie die „Adonislibelle", die „Teich- und die Azurjungfer" oder die „Gefleckte Smaragdlibelle".

Das größte der 17 Gewässer der Seenplatte misst gerade mal einen Quadratkilometer. Etwas versteckt im Wald gelegen, bietet das intakte Stück Natur auch der seltenen Bachmuschel und dem Hochmoortagfalter einen unberührten Lebensraum. So ist es kaum verwunderlich, dass dieses Mosaik aus Seen, Sümpfen und Auwäldern als wertvollstes Biotop in Bayern gilt.

Als sich die Gletscher vor Tausenden von Jahren zurückgezogen haben, hinterließen sie Eisblöcke, die von Massen an Schotter begraben wurden. Während einer Wärmeperiode schmolzen die Eisblöcke und formten Kessel und Mulden. Allmählich bildete sich daraus

17 Eggstätter Seen

ein landschaftliches Kleinod, das bereits 1939 zum Naturschutzgebiet erklärt wurde. Etwa zehn Jahre lang erforschte ein Ökophysiologe die einzigartigen Eiszeitseen und stellte fest, dass die gleichen Pflanzen- und Tierarten auch an den sieben, wenige Kilometer nordöstlich gelegenen Seeoner Seen vorkommen. Das veranlasste den Forscher, einen Biotopverbund zwischen den beiden Gebieten zu gründen. Flächenmäßig kann der Verbund aus den Seeoner und den Eggstätt-Hemhofer Seen, die seither dem Schutzgebiet-Netz „Natura 2000" angehören, dem Chiemsee gewissermaßen das Wasser reichen.

Die frühe Adonislibelle bevorzugt sumpfige, feuchte Gebiete als Lebensraum.

Informationen:
Chiemsee-Alpenland Tourismus, Felden 10, 83233 Bernau am Chiemsee, Tel.: 08051 965550, www.chiemsee-alpenland.de
Naturführungen „Durchs Libellenparadies", Dauer : 14.30 bis 17.30 Uhr, Preis: 11 Euro, Tel.: 0176 2287 7508, www.natur-aktiv-erleben.de

Wie man hinkommt:
Über die A 8 Richtung Salzburg bis Ausfahrt Bernau. Dann weiter über Prien Richtung Bad Endorf. Kurz vor Bad Endorf den Kreisverkehr bei der ersten Ausfahrt verlassen und den Hinweisschildern nach Eggstätt folgen.

Eggstätter Seen 18

Schloss Hartmannsberg dient als kulturelle Begegnungsstätte mit Ausstellungen, Konzerten, Seminaren und Tagungen.

Das versteckte Schlösschen Hartmannsberg

Zwischen den Ufern zweier von Schilf umrandeter Seen liegt etwas verwunschen das Schlösschen Hartmannsberg. Der Schlosssee und der Langbürgner See, die das herrschaftliche Anwesen einbetten, sind nur zwei der insgesamt 17 Toteisseen, die sich zwischen tiefen Wäldern und Schilfgürteln in der Gletscherseenlandschaft verstecken. Die durch unterirdische Grundwasserströme miteinander verbundenen größeren und kleineren Gewässer bilden ein Stück unberührter Natur, in dem eine fast melancholische Stimmung herrscht. Nur wer zu Fuß in dem Landschaftsschutzgebiet unterwegs ist, kann diese einzigartige Atmosphäre genießen. Man kann das Auto auf dem Parkplatz gegenüber dem Schlösschen abstellen, die Wanderschuhe anziehen und losmarschieren. Oberhalb des Schlosssees führt ein Weg zum Kesselsee und um den Einbessee, dann erreicht man das Südufer des Hartsees und weiter geht es zum Kautsee und Blassee bis zum Schilfrand des Pelhamer Sees. Von hier aus bietet sich ein Abstecher in das heimelige Dorf Stephanskirchen und eine Einkehr in das sehenswerte Restaurant Gocklwirt an. Anschließend nimmt man am besten den Weg über Hemhof zurück zum Schlösschen.

Heute ist Schloss Hartmannsberg ein Kulturveranstaltungsort des Landkreises

18 Eggstätter Seen

Der Hartsee vor der Gemeinde Eggstätt

Rosenheim. Mit der bildenden Kunst war das einstige Hofmarkschlösschen von jeher verbunden. Der aus Meran stammende Maler Leo Putz hatte das Anwesen 1909 erworben und ihm mit seinen Werken und seinem temperamentvollen Wesen künstlerisches Leben eingehaucht. Seine stimmungsvollen Bilder sind in der Neuen Pinakothek sowie im Lenbachhaus in München ausgestellt. Weil der erfolgreiche und unbekümmerte Maler sich neben seinen impressionistischen Landschaftsmotiven auch der Aktmalerei widmete und in seinem Hartmannsberger Atelier einen launigen Zirkel aus Malern und Modellen um sich scharte, erregte er in den Jahren des aufkeimenden Nationalsozialismus den Unmut der Nazis. Zunächst hat sich der Maler seinen Pinselstrich von der Gestapo nicht verbieten lassen. Aufgrund der vielen Repressalien sah er schließlich aber keinen anderen Weg, als in seine Heimat Südtirol zurückzukehren, wo ihm ein Berufsverbot auferlegt wurde.

Der Kunst öffneten auch die Nazis die Schlosstüren in Hartmannsberg. Doch von nun an gab der regimegetreue Staatskünstler Joseph Thorak einen nüchternen und protzigen Stil vor, ganz nach dem Geschmack der NS-Führerschaft. Nachdem das Schloss nach dem Krieg erneut verkauft wurde, hielt ab 1952 wieder die Kunst eines Feingeistes in der Person des Schweinfurter Kugellagerfabrikanten und Kunstsammlers Georg Schäfer Einzug.

Wie man hinkommt:
Die Eggstätter-Hemhofer Seenplatte kann man aus verschiedenen Richtungen anfahren. Bademöglichkeiten mit Parkplatz gibt es etwa in Eggstätt am Hartsee oder an der Verbindungsstraße von Eggstätt nach Rimsting am Langbürgner See. Ab dem Wanderparkplatz am Nordende des Langbürgner Sees vor Schloss Hartmannsberg (an der St 2095 Seebruck – Bad Endorf) kann man sich zu herrlichen Wanderungen aufmachen. Die Wanderwege sind ausgeschildert.

Das Opernfestival auf Gut Immling bringt jährlich beeindruckende Vorstellungen auf die Bühne.

Vom Pilgerort zum Natur- und Kultur-Mekka

Über Jahrhunderte galt die Gemeinde Halfing als bedeutendster Marienwallfahrtsort im westlichen Chiemgau. In Scharen kamen die Pilger zur Madonna „Maria im Moos", um der Halfinger Heiligen mit ihren weichen Wangen und ihrem pausbackigen Knaben zu huldigen.

Man glaubte an ihre wundersamen Kräfte und dankte mit reichlich klingender Münze. So wurde aus dem ursprünglich gotischen, bescheidenen Gotteshaus eine prachtvolle barocke Wallfahrtskirche mit dem verheißungsvollen Namen „Mariä Himmelfahrt". Neben den Seitenaltären mit ihren bäuerlichen Heiligenfiguren und der filigran geschnitzten Kanzel beeindrucken besonders die Votivbilder unter der Empore. Hier findet die hingebungsvolle Verehrung der Halfinger Madonna Ausdruck. Darüber hinaus kann man sich anhand der Bitt- und Dankesgaben auch ein Bild von der damaligen Ortsgeschichte machen.

Heute kommt niemand mehr als Pilger nach Halfing oder zu „Maria im Moos". Der Name der Madonna hat sich gleichsam aus der geografischen Lage Halfings ergeben, das, eingebettet in die sanfte Moränenlandschaft des einstigen Inngletschers, an der Südspitze einer weiten Moorlandschaft liegt. Das „Freimoos" mitten in einem weitläufigen Landschaftsschutzgebiet gilt als ein Kleinod der Natur. Der neu angelegte Moorlehrpfad führt

19 Halfing im Chiemgau

Wander- und Naturfreunde auf ausgedehnten Spaziergängen in ein wahres Paradies voller seltener Pflanzen- und Tierarten. Familien bietet der „Naturerlebnisweiher" Halfing mit Badesee Platz für eine Vielzahl von Freizeitaktivitäten. Aufenthalte an der frischen Luft machen hungrig. Auch hier hat Halfing einiges zu bieten. Von der bodenständigen Küche bis zur kulinarischen Delikatesse: Für jeden Geschmack ist etwas dabei.

Im Juli und August, wenn das Chiemgauer Opernfestival auf Gut Immling stattfindet, steht der Kulturgenuss an oberster Stelle. Für Opernliebhaber sind die alljährlichen Aufführungen in der einstigen Reithalle des Hofes nahe Halfing, die zu einem klimatisierten Opernhaus mit bequemer Bestuhlung umfunktioniert wurde, ein Muss, denn sie sind sich sicher: „Nirgendwo ist Oper schöner." Darüber hinaus dient der Gutshof als Gnadenhof für gealterte und ausgemusterte Tiere.

Informationen:
Tourist-Info Halfing, Wasserburger Straße 1, 83128 Halfing, Tel.: 08055 90530, www.halfing.de

Wie man hinkommt:
Autobahn A8 München – Salzburg, Ausfahrt Rosenheim, südöstlich an Rosenheim vorbei auf der Bundesstraße Richtung Bad Endorf, von dort aus noch einige Kilometer in nördlicher Richtung weiter nach Halfing.

Der Naturerlebnisweiher in Halfing lädt zum Toben und Genießen ein.

Oldtimer-Museum schreibt Automobilgeschichte

Das Oldtimer-Museum in Amerang zeigt zahlreiche wahre „Automobillegenden".

Als Carl Benz 1886 seinen „Patent-Motorwagen" entwickelt hatte, konnte sich niemand vorstellen, dass über 100 Jahre später Karawanen von Autos über breit ausgebaute Autobahnen rollen würden. Dabei hat Benz' Motorwagen die Kraftfahrzeuggeschichte gewissermaßen eingeläutet. Die Karosse aus den Anfängen des Automobils steht heute exponiert in der Eingangshalle des „EFA-Museums für deutsche Automobilgeschichte" in Amerang im nördlichen Chiemgau und eröffnet gleichsam den Zugang zur PS-starken Welt der letzten 130 Jahre.

In den geräumigen Hallen mit einer Ausstellungsfläche von 6000 Quadratmetern lässt sich die Entwicklung der deutschen Automobilindustrie an 220 Exponaten nachvollziehen. Jedes ausgestellte Modell steht exemplarisch für die jeweilige Zeit. Von den legendären Veteranen aus den Anfängen des Automobilbauses über edle Karossen bis hin zum modernen Sportwagen ist alles ausgestellt, was nicht nur, aber vor allem Oldtimer-Fans fasziniert. Zu den Glanzstücken gehört der legendäre „Doktorwagen" ebenso wie der Horch 853 Cabriolet.

Bei Eisenbahn-Liebhabern erweckt die Modelleisenbahnanlage des Ameranger Museums große Begeisterung. Auf über 500 Quadratmetern breitet sich eine Miniaturwelt aus Schienensträngen der Spur 2, Land- und Ortschaften aus. Die Personen-, Güter- und Rangierbahnhöfe beeindrucken in ihrer Miniaturausgabe besonders. Auch ein Schiffsbeladehafen wurde maßstabsgetreu eingepasst.

Mit dem Automobilmuseum hat sich der Ameranger Unternehmer Ernst Freiberger vor 25 Jahren einen Lebenstraum erfüllt. Zur umfangreichen Ausstellung haben auch einige andere Privatsammler sowie das Deutsche Museum mit beeindruckenden Exponaten beigetragen.

Informationen:
EFA-Museum für deutsche Automobilgeschichte, Wasserburger Straße 38, 83123 Amerang, Tel.: 08075 8141,
www.efa-automuseum.de
Öffnungszeiten: 1. April bis 31. Oktober täglich außer Montag von 10 bis 18 Uhr, montags geschlossen. 1. November bis 31. März nur an Sonn- und Feiertagen von 10 bis 16 Uhr geöffnet

21   Amerang

Das Bauernhausmuseum gibt Einblick in das einfache Landleben vergangener Zeiten.

Das Bauernhausmuseum

Am Ortsrand von Amerang kann man in die Welt der Klein- und Großbauern der letzten Jahrhunderte eintauchen. Vom bescheidenen Bauernhaus mit beengten Stuben bis hin zum geräumigen Vierseithof: In dem Museum wurden verschiedene bäuerliche Anwesen originalgetreu auf einem Areal von 40 000 Quadratmetern aufgebaut. Eine mit Wasserkraft betriebene Sägemühle und historische Handwerksbetriebe runden das Bild der traditionellen Bauernkultur ab. Die Blumenpracht in den malerischen Bauerngärten haben von jeher die Bienen genutzt, um Blütenhonig zu produzieren. Für ihren Fleiß wurden die emsigen Tiere mit einem eindrucksvollen Bienenhaus belohnt, das in seiner Einmaligkeit die Besucher immer wieder beeindruckt. An Wochenenden, wenn musikalische Aufführungen und andere Aktionen auf dem Programm stehen, ist das Freilichtmuseum vor allem für Familien ein beliebtes Ausflugsziel.

Das 1977 eröffnete Bauernmuseum wird kontinuierlich erweitert. Der älteste Hof stammt aus dem Jahr 1525. Besondere Attraktionen sind die Getreidemühle und der massive, zweistöckige Häuslmannhof. Das stattliche Gebäude wurde gleichsam am Stück nach Amerang ins Bauernhausmuseum transportiert.

Informationen:
Bauernhausmuseum Amerang, Hopfgarten 2, 83123 Amerang, Tel.: 08075 915090, www.bhm-amerang.de
Öffnungszeiten: Ende März bis Anfang November, täglich außer Montag von 9 bis 18 Uhr

Wie man hinkommt:
Über die B304 von München Richtung Wasserburg am Inn und rechts abbiegen nach Amerang.

Der Landgasthof Griessee verwöhnt mit vorwiegend regionalen Produkten.

Genüssliche Idylle

Obing bietet neben erlesenem Kunstgenuss in der spätgotischen Hallenkirche auch tausenderlei Genüsse für den Gaumen und überhaupt die Sinne an. Wer im Sommer mit dem Fahrrad durch die malerische Landschaft streift, wird vom Duft der blühenden Wiesen eingehüllt. Zwischendurch lockt ein Bad im wohlig temperierten, moorhaltigen Griessee oder ein Sonnenbad auf einem der Stege. Dann ist es Zeit für die Gaumenfreuden in der beschaulichen Atmosphäre des Landgasthofs Griessee. Im malerischen Biergarten sitzt man inmitten der Farbenpracht von Blumen und Sträuchern. Die nahen Obstbäume stehen im Frühsommer in voller Blüte.

Den ehemaligen Bauernhof hat schon der Großvater des jetzigen Gastwirts Stück für Stück in einen behaglichen Gasthof umgewandelt. Bodenständig Bayerisches kommt hier auf den Tisch. Darüber hinaus kann sich das Angebot an schmackhaften Fischgerichten sehen lassen. Fangfrischer Zander, Hecht, Karpfen und selbst Schlei oder Waller finden sich auf der Karte. Die reiche Auswahl verdankt der Gasthof dem Fischereirecht für den Griessee, das zum Haus gehört.

Nach dem Essen kann man durch den „Obstlehrgarten" schlendern, in dem Baumarten und Obstsorten auf Tafeln erläutert werden. Auch Werke verschiedener Künstler kann man auf der

22 Obing

Die Chiemgauer Lokalbahn verkehrt zwischen Bad Endorf und Obing.

Tour durch den kleinen Garten betrachten. Oder man radelt zum nahen Strandbad und genießt am dortigen Kiosk ein hausgemachtes Stück Kuchen. Danach kann man sich dem Nichtstun am See hingeben und von einem perfekten Sommertag wie diesem träumen. An Sonn- und Feiertagen rattert das Museumsbähnchen „LEO" wie in alten Zeiten aus Endorf und Amerang nach Obing, wo man einen genüsslichen Nachmittag verbringen kann.

Adresse:
Landgasthof Griessee, Großbergham 16, 83119 Obing
Tel.: 08624 2280, www.griessee.de

Was es sonst noch gibt:
„Beim John" nennt sich der altehrwürdige Gasthof zur Post jetzt. Rita und John Conzalves verstehen nicht nur von der Gastronomie etwas. Sie haben auch überall viele Freunde aus der internationalen Musikszene und die laden sie regelmäßig nach Obing zum Musizieren ein. An warmen Sommerabenden wird im Biergarten gegrillt.
Informationen:
Kleinkunstbühne „Zur Post" Beim John, Wasserburger Str. 1, 83119 Obing, Tel.: 08624 2206, www.john-obing.de

Wintergaudi der besonderen Art

Wenn der Chiemsee im Winter zugefroren ist, holen die Einheimischen ihre Stachelschlitten aus dem Speicher und flitzen rasant übers Eis. Bei dem Mordsspektakel entscheidet sich, wer seine Kufen mit dem spitzen Anschubstecken am schnellsten vorwärts navigiert. Klirrend kalt muss es allerdings sein, denn ohne tragfähige Eisfläche fällt die Gaudi sprichwörtlich ins Wasser. Bei den zunehmend milden Wintern besteht langsam die Gefahr, dass die Schlitten Rost ansetzen. Verlässlicher friert der kleine Griessee nebenan im Wald zu. Auch auf dem Seeoner See kann man in frostigen Wintern das Spektakel mit den traditionellen Stachelschlitten verfolgen. Auf der rund 300 Meter langen Strecke zählt die Geschwindigkeit. Wer den kleinen, niedrigen Schlitten mit seinen beiden als eiserne Stachel präparierten Stöcken am schnellsten über das Eis navigiert, geht am Ende des Tages als Sieger hervor.

Was es sonst noch gibt:
Das Gasthaus Griessee ist ein Lüftl-Landgasthof in ruhiger Lage nahe Seeon. In freundlicher Atmosphäre kann man die hervorragende Küche genießen. Der eigene Badesee mit Holzbadeanstalt beschert im Sommer erholsame Stunden.
Landgasthof Griessee, Großbergham 16, 83119 Obing, Tel.: 08624 2280
www.griessee.de

Auch im Winter lädt der Griessee zu Aktivitäten ein.

Die Eisenmänner des Künstlers Kirchner

Fast befremdend wirken die Eisenmänner des Bildhauers Heinrich Kirchner im sonst eher unspektakulären Dorf Pavolding. Überlebensgroß ragen die dunklen, archaisch wirkenden Riesen auf und strecken ihre Hände betend, beschwörend, flehend oder auch warnend in die Höhe.

Der Künstler war längst international bekannt, als er nach Pavolding kam und den alten Fischerhof mit großer Sorgfalt zum Atelier und Domizil umbaute. Den ehemaligen Stall mit böhmischem Gewölbe richtete Kirchner als Festsaal und zugleich als eine Art Kathedrale für seine Lieblingsstücke ein. Schon bald nahmen seine expressiven Bronzefiguren, die er eigenhändig gegossen hatte, den gesamten, wildromantischen Garten ein.

Der Künstler schottete sich keineswegs ab von der Landbevölkerung. Zum engen Kontakt trug auch seine zweite Frau Katharina bei. Sie stammte aus einer alteingesessenen Inseltöpferfamilie von Frauenchiemsee. Auf dem Friedhof der Insel liegt der 1984 im Alter von 82 Jahren verstorbene Kunstprofessor auch begraben. Als Kirchner bereits emeritiert war und München und der Akademie der Künste den Rücken gekehrt hatte, ließ er in seine Werke häufig religiöse Botschaften einfließen, die unter anderem auch das politische Zeitgeschehen im Blick hatten.

Mit seinen „Mondfahrern" etwa, die vor dem Seebrucker Rathaus ihren Platz gefunden haben, brachte der Künstler die für ihn nicht nachvollziehbare Euphorie während der ersten Mondlandung zum Ausdruck. Im Mittelpunkt des Schaffens in seinen letzten Lebensjahren standen Gestalten, die Liebe und Hoffnung verkörpern. Ein Beispiel ist die Figur des „Prometheus", die unübersehbar mitten im Kreisverkehr in Seeon die Hände Richtung Himmel streckt.

Nach dem Tod des unermüdlichen Künstlers hat die Gemeinde Seeon-Seebruck einige der Skulpturen aufgekauft. In der Kirchner-Galerie kann man sich ein Bild vom Schaffen und von der facettenreichen Persönlichkeit Heinrich Kirchners machen.

> **Informationen:**
> Heinrich-Kirchner-Galerie, Jakob-Weyerer-Platz 4, 83358 Seebruck
> Öffnungszeiten:
> Mai bis September, Dienstag bis Samstag 10 bis 17 Uhr, an Sonn- und Feiertagen 13 bis 17 Uhr, Oktober und November sowie Mitte Februar bis April Dienstag bis Samstag 10 bis 12 Uhr und 14 bis 16 Uhr, an Sonn- und Feiertagen 14 bis 16 Uhr, Montag geschlossen
>
> **Wie man hinkommt:**
> Autobahn A8 München – Salzburg, Ausfahrt Grabenstätt und weiter über Chieming nach Seebruck, nach der Alzbrücke Richtung Kirche orientieren. Auf der linken Seite befindet sich die Kirchner-Galerie.

Seebruck

Die Brücke über die Alz

Die Alz verlässt den Chiemsee in Seebruck.

Am nördlichen Chiemseeufer dehnt sich der malerische Ferienort Seebruck aus. Besonders Segelsportler schätzen die herrliche Lage am „Bayerischen Meer" und vor allem den Yachthafen, der mit seinen 500 Liegeplätzen zu den größten in Bayern gehört. Allerdings verdankt der Ort seine historische Bedeutung nicht dem Hafen, sondern einer Brücke. Nach ihr wurde die Ansiedlung am See im Mittelalter einfach „Prucca" genannt. Weit früher hatten die Römer den Standort direkt am Wasser für sich entdeckt. Davon kann man sich im Römermuseum Bedaium überzeugen, wo neben Mauerresten des alten Kastells auch römische und keltische Funde aus dem gesamten Chiemgau ausgestellt sind.

Schon zur Römerzeit führte eine Brücke über die junge Alz, die an dieser Stelle aus dem Chiemsee fließt. Bedeutend war die Brücke deshalb, weil sich hier die Fernstraße von Salzburg nach Augsburg und die Verbindung zwischen dem Pass Thurn und Regensburg kreuzten.

Seebruck ist nicht nur ein überaus beliebter Ausgangspunkt für Segeltörns über den Chiemsee. Besonders im Hochsommer ist auch eine Tour mit dem Schlauchboot auf der Alz, die sich durch die weite Moränenlandschaft schlängelt, bevor sie bei Marktl in den Inn mündet, ein prickelndes Erlebnis.

Informationen:
Tourist-Information Seebruck, Am Anger 1, 83358 Seebruck, Tel.: 0700 73327825, www.seeon-seebruck.de

Was es sonst noch gibt:
Am Römermuseum Bedaium in Seebruck beginnt und endet ein rund 27 Kilometer langer archäologischer Rundweg. Stationen sind das Gräberfeld Bedaium, das keltische Gehöft Stöffling, die Keltenschanze bei Truchtlaching sowie die Fluchtburg an der Alz und der Grabhügel bei Ischl, die Römerstraße bei Seebruck und die römische Siedlung. Insgesamt zehn Stationen illustrieren 4000 Jahre Kulturgeschichte am Chiemsee.

Informationen:
Römermuseum Bedaium, Römerstraße 3, 83358 Seebruck, Tel.: 08667 7503,
www.roemermuseum-bedaium.byseum.de
Öffnungszeiten: Dienstag bis Samstag 10 bis 12 Uhr und 14 bis 16 Uhr, Sonntag 14 bis 16 Uhr, montags geschlossen

In diesen Räumen wird das Bier der Camba Bavaria gebraut.

Ein Hauch Exotik in der Camba Bavaria

Wer im Chiemgau einheimisches Bier trinken möchte, der braucht nicht lange zu suchen. Zwischen Schleching und Tacherting braut inzwischen jedes Dorf, das etwas auf sich hält, sein eigenes Bier.

Unter den rund 15 Chiemgauer Privatbrauereien befindet sich in der alten Mühle in Truchtlaching an der Alz die Camba Bavaria. Hier wird erst seit 2008 Bier gebraut: mittlerweile bereits mehr als 50 verschiedene Biersorten – vom traditionellen bayerischen Weißbier über ein fruchtiges Pale Ale bis hin zum Imperial Stout gelagert im Cognac-Eichenholzfass – einzigartig in Deutschland! Die Biergenießer schwärmen von den bisher nicht gekannten würzigen Aromen der Biere und so sind viele mittlerweile auf den Geschmack gekommen.

Die Biervielfalt wird durch verschiedene Innovationen stetig erweitert, so dass sich das Sortiment sozusagen im Wochenrhythmus vergrößert. Camba ist in ihrer Größe die wohl exklusivste Brauerei Deutschlands.

Der Gründer und Experte für Braukunst, Markus Lohner, öffnet die Türen der ersten Truchtlachinger Privatbrauerei den Einheimischen, Touristen aber auch den Bierliebhabern aus aller Welt. In der Camba Gaststätte kann man nicht nur gutes Bier trinken, sondern auch leckeres Essen genießen. Auf der Speisekarte finden sich traditionelle bayeri-

Truchtlaching

sche Gerichte und mit Bier verfeinerte Spezialitäten, wie Schweinebraten mit Dunkelbiersoße, ein leckeres Biergulasch oder das bereits weit bekannte Weißbiertiramisu. Dazu gibt es 15 der Biere direkt on Tap, also vom Fass.

Nach dem Genießen fällt es dem Besucher leichter zu entscheiden, welche Biere er mit nach Hause nimmt – oder verschenkt. Im hauseigenen Brauereishop gibt es eine große Auswahl an Camba Bieren, bierigen Geschenkideen, tollen Specials und eine kompetente Beratung.

Der Bierliebhaber findet hier alles, was er sich fürs leibliche Wohl wünscht.

Informationen:
Camba Bavaria, Mühlweg 2, 83376 Truchtlaching, Tel.: 08667 809466, www.camba-bavaria.de
Öffnungszeiten Brauereigaststätte: Anfang Mai bis Ende September Montag bis Freitag ab 14 Uhr, Anfang Oktober bis Ende April Montag bis Freitag ab 17 Uhr, Samstag immer ab 10 Uhr, an Sonn- und Feiertagen geschlossen
Brauereiführungen samstags 10.30 und 16 Uhr, sowie nach Vereinbarung
Öffnungszeiten Camba Shop: Anfang Mai bis Ende September Montag bis Freitag 10 bis 18 Uhr, Anfang Oktober bis Ende April Montag bis Freitag 15 bis 18 Uhr, Samstag immer 10 bis 13 Uhr und 17 bis 19 Uhr

Wie man hinkommt:
A 8 Richtung Salzburg, Ausfahrt Grabenstätt, von dort aus Richtung Chieming und dann weiter nach Truchtlaching oder über Traunstein auf der B 304 nach Truchtlaching fahren. Am Ortsanfang liegt die Camba Brauerei direkt an der Alz, wo einst eine alte Mühle stand.

Der Eingang des Camba Shops animiert zum Einkaufen und Probieren.

27 Rabenden

Der Schnitzaltar am Pilgerweg

Wer einst in Rabenden rastete, hatte noch einen weiten und mühsamen Weg vor sich, denn die Kirche St. Jakobus major aus dem 15. Jahrhundert lag an einem der unzähligen Pfade, auf denen Tausende von Pilgern aus allen Himmelsrichtungen nach Santiago de Compostela zum Grab des Heiligen Jakobus wanderten. Ihre Wegmarken bildeten die Kirchen, Brücken und Spitäler, die dem Apostel geweiht waren. Auch das Gotteshaus des kleinen Straßendorfs Rabenden an der Bundesstraße zwischen München und Traunstein, der alten Salzstraße, gehörte dazu.

Heute zählt Rabenden zwar nicht mehr zu den wichtigen Meilensteinen auf der Wallfahrt zu dem Heiligen, der im Mittelalter als ältester Jünger Christi galt. Kunstliebhabern sind der Ort und besonders die Kirche St. Jakobus aber durchaus ein Begriff. Im Chor des Gotteshauses steht nämlich einer der bedeutendsten Flügelaltäre Oberbayerns. Vor genau 500 Jahren (1515) hat ein unbekannter Schnitzmeister, der nach der Ortschaft „Meister von Rabenden" genannt wird, das kostbare Kunstwerk mit den drei Standfiguren Simon, Jakobus mit Wanderstab und Muschel sowie Judas Thaddäus geschaffen. Auch der idyllische, kleine Friedhof gleich neben der Kirche, die sich, von außen völlig unscheinbar, harmonisch in den Ort einfügt, ist sehenswert. 48 schmiedeeiserne Grabkreuze aus dem späten 19. Jahrhundert bilden hier einen dichten Hain. Sie sind Rankenpflanzen nachempfunden, ihre Blüten und Blätter sind bunt bemalt. Um sie vor dem Verfall zu retten, wurden sie restauriert. Die namenlosen Gräber werden von der Dorfgemeinschaft gepflegt.

Wenige Kilometer weiter westlich in Obing stehen drei andere Kunstwerke des „Meisters von Rabenden". Der Ort am gleichnamigen See gehörte einst zum Salzburger Bischofsgut und später zum Seeoner Klosterbesitz. Abt Franziskus Wider aus Seeon stiftete einen Hochaltar für die spätgotische Hallenkirche. Der Rabendener Meister schnitzte auch für das Obinger Gotteshaus, neben einer Madonna und dem Kirchenpatron Laurentius, einen Jakobus. Den Schutzheiligen der Pilger hat der um ein paar Jahre gealterte Künstler dabei etwas älter als zuvor in Rabenden dargestellt. Auf dem schmalen Gesicht des Jakobus von Obing zeichnen sich aber die gleichen leidgeprüften Züge ab, sein Blick verliert sich auch hier ins Weite.

> **Wie man hinkommt:**
> Bundesstraße 304 München – Altenmarkt, rund vier Kilometer nach Obing beginnt Rabenden, die Kirche sieht man rechts an der Straße.

Kloster Seeon 28

Kloster Seeon dient heute als Kultur- und Bildungszentrum des Bezirks Oberbayern.

Bewegte Zeiten in beschaulicher Idylle

Als Pfalzgraf Aribo und seine Frau Adala das Kloster im Jahr 994 gründeten, stand die Benediktinerabtei noch auf einem Moränenhügel mitten im Seeoner See. Die einstige Insellage lässt sich heute nur noch erahnen, denn was nicht verlandet ist, wurde längst als Zufahrt aufgeschüttet. Im 12. Jahrhundert wurde die Klosteranlage um die Kirche St. Lambert erweitert, die bis heute weitgehend unverändert geblieben ist. Hier hat der Stifter Aribo I. aus dem mächtigen bayerischen Geschlecht der Aribonen seine letzte Ruhe in einem Stifterhochgrab gefunden. Weit bewegender als das Grabmahl ist die meisterhafte Darstellung „Madonna mit Kind". Das Kunstwerk, das der „Meister von Seeon" 1433 geschaffen hat, gilt als eine der schönsten Mariendarstellungen. Auf dem Hochaltar der Seeoner Pfarrkirche ist allerdings nur die Kopie zu sehen, denn das Original wird seit Langem im Münchner Nationalmuseum aufbewahrt. Kunsthistorisch bedeutend sind darüber hinaus die Renaissancefresken von 1579.

Auf ihrem Weg zwischen Salzburg und München machten die Mozarts oft und gerne Station im Kloster Seeon, wo die Musik unter allen Künsten die höchste Wertschätzung genoss. Der elfjährige Wolfgang Amadeus improvisierte auf

Kloster Seeon

der Orgel und komponierte zwei Offertorien, während Vater Leopold das Seeoner Bier in Flaschen abfüllte und nach Salzburg importierte. Das zeigt, wie eng die Verbindung zwischen dem leiblichen und dem geistigen Wohl bei den Benediktinermönchen in Seeon damals war. Tafelfreuden und Musikgenuss, das wussten auch die Fürsten zu schätzen. Kurfürst Max III. Joseph nutzte häufig seine Jagdausflüge, um sich klösterlichen Genüssen hinzugeben.

Überhaupt blickt Seeon nicht nur auf eine klösterliche Vergangenheit zurück. Steine zeugen von anderen weltlichen Gästen, die sich auf dem malerischen Anwesen aufgehalten haben. Das sind allerdings Grabsteine mit Inschriften in kyrillischen Buchstaben, die man auf dem winzigen Friedhof unmittelbar vor dem kurzen Dammweg zur Klosterkirche findet. Ein Monument mit russisch-folkloristischen Blumenornamenten über dem Namen „Herzog Georg von Leuchtenberg" wirkt in dieser Umgebung besonders bizarr. Weit verzweigte Eheschließungen, die den bayerischen mit dem französischen und dem Zarenhof verbanden, führen zur Linie Romanow-Leuchtenberg, der Herzog Georg von Leuchtenberg entstammte. Der Hochadelige fühlte sich der Idylle in Seeon jedoch mehr verbunden als dem Zarenhof in St. Petersburg. Auch seiner russischen Verwandtschaft gefiel die ländliche Beschaulichkeit des Orts gut. Einige waren offensichtlich auch zum Sterben hier.

Vor über 25 Jahren hat der Regierungsbezirk Oberbayern das Kloster gekauft, das seit 1993 als Kultur- und Bildungszentrum genutzt wird.

Konzerte, Ausstellungen, Seminare und Tagungen stehen das ganze Jahr über auf dem Programm.

> **Informationen:**
> Kloster Seeon, Kultur- und Bildungszentrum des Bezirks Oberbayern,
> Klosterweg 1, 83370 Seeon, Tel.: 08624 8970,
> www.kloster-seeon.de
>
> **Wie man hinkommt:**
> Autobahn A8 München – Salzburg, Ausfahrt Bernau und auf der Bundesstraße bis Seebruck, dort der Beschilderung nach Seeon folgen. Seeon liegt fünf Kilometer von Seebruck entfernt.

Die Renaissance-Fresken der ehemaligen Klosterkirche St. Lambert

In der Heimatbühne Seeon wird jährlich ein neues Stück inszeniert.

Der gute Alte Wirt

Neben dem Kloster in Seeon kann auch ein weltlicher Bau auftrumpfen. Das Gasthaus zum Alten Wirt in Niederseeon hat gleichsam seine Wurzeln in einer Weintaverne aus dem Jahr 1616. Das bezeugt eine Inschrift im Hausgang. Sicher ist zudem, dass es weit und breit keine ältere und unverändert erhalten gebliebene Wirtsstube gibt als das Sigismund-Gewölbe beim Alten Wirt. Tische und Stühle sind stilecht darauf abgestimmt. Mit dem stimmigen Ambiente harmoniert das, was auf den Tisch kommt. Dazu gehören Wildgerichte aus heimischer Jagd, die etwa ganz bodenständig als Rehgulasch mit hausgemachtem Kartoffelbrei serviert werden. Neben der traditionellen alpenländischen beherrscht der Wirt auch das Repertoire der modernen gehobenen Küche, auf Wunsch auch ihre vegetarische Variante. In den Sommermonaten und an milden Spätsommertagen kann man sich seine Radlerhalbe oder Kaffee und Kuchen unter den Schatten spendenden Kastanienbäumen im gemütlichen Biergarten schmecken lassen.

Wer Glück hat, kann beim Alten Wirt auch traditionelle Kunst-Stücke erleben, wenn etwa die Goaßlschnalzer zeigen, was sie drauf haben oder Laiendarsteller der Heimatbühne Seeon auftreten.

> **Informationen:**
> Gasthof Zum Alten Wirt, Altenmarkter Straße 10, 83370 Seeon, Tel.: 08624 1567, www.zum-alten-wirt-seeon.de

Unter diesem Baum soll einst Wolfgang Amadeus Mozart Ruhe und Muße gesucht haben.

Naturdenkmal „Mozartbaum"

Rund um das Kloster Seeon wachsen Erlen, Buchen und Eichen. Eine besonders alte Eiche gilt als Naturdenkmal und wird „Mozartbaum" genannt, weil der junge Mozart bei seinen Besuchen im Kloster vermutlich unter diesem Baum einst Schatten gesucht hat.

Hinter dem Kloster gelangt man über einen langen Steg aufs Festland nach Bräuhausen. Zur Römerzeit stand hier ein Marstempel. Über die Weinbergstraße geht es dann am nördlichen Seeufer entlang. Aber wie kommt es mitten im weinbergfreien Chiemgau zu diesem Straßennamen? Die Römer hatten sich einst hier im Weinanbau versucht und den sonnenverwöhnten Hang als Weinberg genutzt. Deutlich näher liegt die Bezeichnung Mozartweg für den Spazierweg am westlichen Seeufer. Kaum ist man in den Fußweg eingebogen, erkennt man die Umrisse einer weit ausgreifenden Stieleiche. Während seiner Besuche im Kloster Seeon in den Jahren 1767 bis 1772 soll der junge Mozart auf seinen Spaziergängen öfter im Schatten des mächtigen Baumes Ruhe und Muße gesucht haben. Vielleicht hat der geniale Musikus dabei auch Inspiration für seine im Kindesalter schon viel beachteten Kompositionen gefunden. Über die beiden Offertorien, die der elfjährige Wolfgang für das große Benedictus-Fest der Mönche komponierte, soll der Abt besonders beglückt gewesen sein.

Seeon

Der Esterer Hof bietet ein ideales Umfeld für Familien.

Ferien auf dem Erlebnisbauernhof

Laptop und Lederhose – den Slogan, der einst das harmonische Nebeneinander von Tradition und Moderne in Bayern versinnbildlichen sollte, verkörpert der Esterer Hof in beispielhafter Weise. In ländlich ruhiger Lage breitet sich das von Wiesen, Wäldern und Feldern umgebene Anwesen aus. Für wassersportliche Aktivitäten bietet sich der nahe gelegene Chiemsee an. Freunde des Angelsports können ihre Ruten vor Ort am Seeoner See auswerfen.
Seit fünf Generationen bewirtschaftet Familie Ober bereits den Hof, der für seine gelungene Verbindung von urigem Landleben, traditioneller Gemütlichkeit und modernem Komfort mittlerweile mit Fünf Sternen ausgezeichnet wurde. Nach wie vor stehen auf dem Esterer Hof Ferienerlebnisse im Mittelpunkt, die Kinder vielleicht noch aus dem Bilderbuch kennen. Bei den Kleinsten steht dabei Ponyreiten, Hasen streicheln oder auch Hühner füttern ganz hoch im Kurs. Unvergessliche Urlaubstage kann die ganze Familie auf romantischen Kutschfahrten oder beim Picknick in der malerischen Natur gemeinsam genießen.

Seeon

Der Erlebnisbauernhof ist eingebettet in eine weite Wald-, Feld- und Wiesenlandschaft.

Mit viel Liebe zum Detail haben die bäuerlichen Gastgeber das kuschelige Urlaubsdomizil eingerichtet. Dabei wurde Altes mit Neuem kombiniert. So wirkt die Ferienwohnung „Am Scheunentor" durch die Verbindung von alten Dachbalken und neuer offener Bauweise mit Schlafgalerie heimelig und doch modern.

Ganz gleich, ob beim geselligen Grillabend oder bei der gemeinsamen Tierfütterung, der herzliche Umgang mit den kleinen und großen Urlaubern ist für Bauer Hans und Bäuerin Maria selbstverständlich. Dafür wurde der Hof 2013 von der Deutschen Landwirtschaftsgesellschaft (DLG) als bester Ferienhof des Jahres ausgezeichnet. Auf den Lorbeeren hat sich die Familie indessen nicht ausgeruht. Dank einer Zusatzausbildung im Fach „Waldpädagogik: Erlebnis Wald" kann der Bauer seinen kleinen Feriengästen den Wald auf spielerische Weise begreifbar machen. Und nicht nur das: Als „staatlich qualifizierter Erlebnisbauer" weiß Hans Ober neuerdings auch in der Theorie, wie er die Ferien auf seinem Esterer Hof gestalten muss, damit seine Gäste unvergessliche Erlebnisse von ihrem Urlaub auf dem Bauernhof mit nach Hause nehmen.

Informationen:
Esterer Hof, Familie Ober, Esterer 1, 83370 Seeon, Tel.: 08621 1207, www.estererhof.de

Weitere Informationen:
Bauernhof- und Landurlaub Bayern,
Tel.: 02501 8011195, www.landreise.de

Seeon – Altenmarkt 32

Wie eine Insel thront Kloster Seeon im Seeoner See.

Von Kloster zu Kloster

Zwei Klöster, ein See, zwei Flüsse und eine ungewöhnliche Fähre – all das kann man auf einer Wanderung vom Kloster Seeon zum Kloster Baumburg erleben. Vor über 1000 Jahren hat ein Pfalzgraf namens Aribo das Kloster in Seeon gegründet und Benediktinermönchen zur Bewirtschaftung überlassen. Das Kloster Baumburg, das hoch über dem Zusammenfluss von Traun und Alz thront, geht auf die Gründung eines Grafen namens Berengar zurück, der das sakrale Bauwerk dem Augustiner-Chorherrenstift vermachte. Beide Klöster verbindet ein abwechslungsreicher Wanderweg entlang der Alz. Die Tour führt vorbei an weiten Feldern, leuchtenden Wiesen und durch Schatten spendende Wälder. Mit der Alz-Fähre geht es über den Fluss und auf der anderen Seite weiter zur Baumburger Klosterbrauerei, wo ein kühles Bier im idyllischen Biergarten nach dem Wandern besonders gut schmeckt.

Startpunkt der rund 21 Kilometer langen Wanderung ist der Parkplatz beim Kloster Seeon. Dann geht es durch das Naturschutzgebiet um den Seeoner See zur Filialkirche Sankt Egidius. In Seeon folgt man dem Hinweisschild „Benediktweg". Über Felder und vorbei an malerischen Bauernanwesen führt der Klosterradweg Richtung Alzfähre bis zur

65

32 Seeon – Altenmarkt

Kloster Baumburg

Höllentalmühle. Ein sich schlängelnder Wanderweg führt anschließend durch die Alzaue. Nach einer kurzen Etappe durch einen Wald erreicht man das idyllisch gelegene Ausflugsgasthaus Roiter, zu dem der Fährbetrieb über die Alz gehört. Mit Wirt oder Wirtin, je nachdem, wer gerade Zeit hat, steuert das hölzerne Fährboot über den Fluss. Am anderen Ufer steigen die Klosterwanderer über Treppen hinauf und orientieren sich in Richtung Baumburg. Ein schattiger Waldweg führt hinauf zum Kloster, in dem einst die Augustiner-Chorherren das Zepter in der Hand hielten. Im Bräustüberl haben die Mönche mit Braukelle, Kochlöffel und Gastfreundschaft für das Wohl von Leib und Seele ihrer Gäste gesorgt. Dieser Tradition ist die weltliche Wirtin gefolgt. Und so genießt man die ausgedehnte Wanderpause bei einem nach alter Tradition gebrauten Bier und einer zünftigen Brotzeit. Anschließend geht es hinunter nach Altenmarkt. Nach einem weiteren Anstieg über einen Wiesenweg lässt man den Blick rundum über das Alztal schweifen. Dem Flusslauf weiter folgend passiert man noch die Massing- und die Hölltalmühle, bevor sich Wasser- und Wanderweg trennen. Dann schließt sich der Kreis der Wanderung und die letzte Etappe führt auf dem gleichen Weg zurück zur Filialkirche und über den Steg zur Klosteranlage Seeon und zum Parkplatz. Für die gesamte Tour sollte man in etwa fünf bis sechs Stunden einplanen.

Informationen:
Tourist-Information Seebruck, Am Anger 1, 83358 Seebruck, Tel.: 0700 73327825, www.seeon-seebruck.de
Chiemgau Tourismus, Gabelsbergerstraße 8, 83278 Traunstein
Tel.: 0861 9095900, www.chiemgau-tourismus.de
Alzfähre: Tel.: 08621 7387

Wie man hinkommt:
Autobahn A8 München – Salzburg, Ausfahrt Grabenstätt und Richtung Seebruck, Seeon fahren.

Baumburg

Kloster Baumburg ist ein ehemaliges Augustiner-Chorherren-Kloster.

Klosterstift mit Bräustüberl

Wo die Alz, nachdem sie sich mit einem veritablen Wasserfall ausgetobt hat, mit der Traun zusammenfließt, liegt Altenmarkt. Über Jahrhunderte war das stille Städtchen eine von kleinem Handwerk geprägte Siedlung zu Füßen des Klosters Baumburg. Dem weithin sichtbaren Klosterstift liegt ein Gelöbnis zugrunde, das Graf Berengar im frühen 12. Jahrhundert beim Tod seiner geliebten Frau leistete. In der Stiftskirche, einer romanischen Basilika, fand Gräfin Adelheid ihre letzte Ruhestätte. Von äußerlicher Schlichtheit ist der größte und schönste Rokokobau im Chiemgau. Doch im Innern bezaubert das sakrale Bauwerk mit feinstem Wessobrunner Stuck, filigran geschnitztem Chorgestühl und einem Hochaltar mit überlebensgroßen Heiligenfiguren.

Gleich nebenan, im ebenfalls nur äußerlich schlichten Klosterbräustüberl lockt eine Einkehr, die sich auch an Superlativen messen lässt. Das beginnt mit dem hauseigenen Bier, dem nach altbayerischen Rezepten gebrauten Baumburger Klosterbräu. In der holzvertäfelten, historischen Gaststube, wo im Winter das Feuer im Kachelofen knistert, tragen auch die Standuhr und das Kanapee zur heimeligen Atmosphäre bei. Im Sommer lo-

Baumburg

cken die beiden gemütlichen Biergärten. Das Kloster wie auch das 1612 gegründete Bräustüberl haben Augustiner Chorherren über Jahrhunderte bewirtschaftet. Längst hat Küchenchefin Schuhbeck Braukelle und Kochlöffel übernommen. Die Küchenregeln der bodenständigen Chorherren haben indessen nach wie vor Bestand: Alles kommt frisch auf den Tisch, und jede Zutat wird im Haus zubereitet. Das ist zwar etwas aufwendiger, aber die Gäste wissen es zu schätzen und halten dem Wirtshaus oben auf dem Berg die Treue. In das angegliederte Seminarhotel mieten sich mit Vorliebe Chöre und Orchester ein.

Im Sommer finden Konzerte sowie Jazz- und Folkveranstaltungen im Innenhof statt.

Informationen:
Bräustüberl Baumburg, Baumburg 12, 83352 Altenmarkt a. d. Alz, Tel.: 08621 5155, www.bräustüberlbaumburg.de

Wie man hinkommt:
Autobahn A8 München – Salzburg und weiter über die B 304 nach Altenmarkt. Am Ortseingang links und der Beschilderung nach Baumburg folgen.

Das Bräustüberl Baumburg breitet sich im Innenhof der Klosteranlage aus.

Mit dem Fährboot über die Alz

Ganz nostalgisch setzt noch heute ein Fährmann Ausflügler über den idyllischen Fluss. Allerdings gibt es keine festen Zeiten für die Überfahrten. Wer mit der einzig existierenden „Alzfähre" übersetzen will, muss an einem langen, an einem Baum befestigten Seil kräftig ziehen. Die Glocke, die daraufhin im Gasthof Roiter am anderen Ufer läutet, ist das Signal für den Wirt, der gleichzeitig als Fährmann fungiert, sich und seinen Kahn in Bewegung zu setzen. Die Überfahrt ist kostenlos (maximal acht Personen, bei Radtransport entsprechend weniger). Gegen ein Trinkgeld hat der Fährmann allerdings nichts einzuwenden. Ganz uneigennützig bietet der Gastwirt die Überfahrt über die Alz indessen nicht an. Mit seinem Dienst setzt er auf neue Gäste, die vom Baumburger Ufer auf der anderen Flussseite in seinem Gasthof Roiter einkehren. An sonnigen Tagen bietet sich der beschauliche Biergarten als ein besonders idyllischer Rastplatz für Fuß- und Radwanderer an. Auch wer auf seiner Schlauchboottour eine Pause einlegt, findet kaum einen gemütlicheren Ort.

Vor hundert Jahren hat das damalige Königliche Bezirksamt dem einstigen Bauern bereits die offizielle Genehmigung erteilt, von seinem Bauernhaus zum Baumburger Ufer und zurück einen Fährverkehr einzurichten. Zunächst kehrten die Alz-Fischer regelmäßig bei der Roiter Bäuerin auf ein Bier ein. Doch schon bald bewirtete Mina Stecher auch andere Ausflugsgäste mit so viel Erfolg, dass die Familie den Bauernhof in einen Gasthof umwandelte. Das war der Beginn des idyllischen Ausflugslokals mit Lizenz für den Fährverkehr über die Alz.

Die Alz schlängelt sich durch die Landschaft, bis sie in den Inn mündet.

Informationen:
Gasthaus Roiter, Roit 1, 83352 Altenmarkt a. d. Alz, Tel.: 08621 7387, www.gasthaus-roiter.de

Wie man hinkommt:
Über die B 304 Richtung Traunstein-Altenmarkt, am Ortseingang Altenmarkt der Beschilderung nach Baumburg folgen, unterhalb der Klostergebäude führt ab dem Parkplatz ein Fußweg zur Fähre.

35 Stein an der Traun

Stein an der Traun ist Deutschlands größte Höhlenburg.

Grusel in der Höhlenburg

Der Raubritter Heinz von Stein, der angeblich im 13. Jahrhundert in der Höhlenburg gelebt hat, die kurz vor der Mündung der Traun in die Alz über dem Chiemgauer Land thront, muss ein furchterregender Geselle gewesen sein. An den Wänden der bedeutendsten Höhlenburg Deutschlands sind Blutspritzer zu erkennen, die an die schauerlichen Gräueltaten des rabiaten Ritters erinnern. Der Höhlenführer – nur in seiner Begleitung darf man in die Höhle! – berichtet von einer Hühnengestalt mit Stoßzähnen, die an einen Eber erinnern soll. Ständig soll das Ungetüm Kaufmannskarawanen aufgelauert haben, die auf dem Handelsweg hier unterwegs waren. Nachdem die Gruselgestalt die ahnungslosen Kaufleute überfallen hatte, sperrte das Monster sie in den Hungerturm und warf sie dann hinunter in die reißende Traun.

Durch dunkle Verliese und Schächte, über glitschige Pfade und Wendeltreppen muss man bei Kerzenschein steigen, während der Führer die grausigen Begebenheiten aus düsterer, mittelalterlicher Zeit wieder aufleben lässt. Seinen Tod fand der grausige Wüstling, der auch als Mädchenräuber gefürchtet war, letztendlich durch seinen eigenen Sohn.

> **Informationen:**
> „Heinz vom Stein Erlebniswelt" Schlossbrauerei Stein, Schlosshof 2, 83371 Stein an der Traun, Tel.: 08621 983212, www.steiner-bier.de
> Kontakt „Höhlenburgführung", Freunde der Burg Stein, Tel.: 08621 2501
> Führungen Höhlenburg: April bis Oktober, täglich außer Montag jeweils 14 Uhr, zusätzlich von Juli bis September, täglich außer Montag jeweils 16 Uhr.
> Dauer: eine Stunde, Preis: Erwachsene 2,50 Euro, Kinder und Jugendliche 1,50 Euro.

Trostberg 36

Die Alz prägt das Stadtbild von Trostberg.

Gutbürgerlich und gemütlich

Ein romantischeres Stadtbild mittelalterlicher Baukultur gibt es im Chiemgau sonst nicht: Trostberg ist ein typisches altbayerisches Städtchen zwischen Alztal und Berghang. Nähert man sich der Altstadt von der Rückfront der einzigen Häuserzeile, hat man die so genannte „Trostberger Orgel" vor Augen. Die hölzernen Laubengänge der aneinander gereihten, überhöhten, schmalen Häuser wirken nämlich wie Orgelpfeifen. Über eine steile, gedeckte Treppe geht es dann hinauf zur Hauptstraße. Die gesamte Trostberger Altstadt besteht genau genommen aus einem einzigen Straßenzug, der sich mal verengt und dann wieder erweitert. In schöner Unregelmäßigkeit wechseln sich die malerischen Blendgiebel-Fassaden variantenreich ab. Mittendrin thront auf einem Sockel mit Eisengeländer, das reichlich Patina angesetzt hat, die gotische Andreaskirche. Das ungewöhnlich asymmetrische Gewölbe fällt im Innern der Pfarrkirche ganz besonders auf. Beeindruckend ist auch das mittelalterliche Weihnachtsrelief. Gleich drei Grabdenkmäler in der Kirche sind dem Ritter Hanns Hertzhaimer gewidmet. Er gilt als einer der drei großen Gönner der Stadt. In schöner Überschaubarkeit reiht sich auf der Hauptstraße alles aneinander, was Einheimische brauchen und Besuchern zum Zeitvertreib dient. Da sind die „Buchhandlung Ursula Pfeifer" und das einladende, urbayerische Gasthaus mit dem koketten Namen „Pfaubräu". In den traditionellen Gaststuben, die in einem klassischen, spätmittelalterlichen Bürgerhaus untergebracht sind, wird mittags und abends solide bayerische Küche serviert.

Informationen:
Städtisches Heimatmuseum Trostberg, Schedling 7, 83308 Trostberg, Tel.: 08621 645261
Stadt Trostberg an der Alz, Hauptstraße 24, 83308 Trostberg, Tel.: 08621 8010, www.stadt-trostberg.de
Pfaubräu, Historischer Gasthof, Stadthotel, Hauptstraße 2, 83308 Trostberg, Tel.: 08621 98290, www.pfaubraeu.de

Was es sonst noch gibt:
Trostberg überrascht mit einem der opulentesten und liebevollsten Heimatmuseen im Chiemgau. Alte und bäuerliche Wohnkultur ist in den zahlreichen Stuben lebendig inszeniert. An die wichtige Zeit der Tuchmacher wird erinnert, und selbst die sozialen Aspekte der Industrialisierung kommen nicht zu kurz.

Das Städtische Heimatmuseum gibt Einblick in das Leben vergangener Zeiten.

Die Burg Tittmoning erhebt sich über der farbenfrohen Häuserzeile der Stadt.

Mit der Salzplätte über die Salzach

Beschaulich treibt die Salzplätte auf dem träge dahinfließenden Fluss. Üppige Schlingpflanzen wuchern an den Ufern. An urwüchsigen Auen, vereinzelten Mühlen und lichten Wäldern zieht der Kahn auf seinem Sonntagsausflug durch das wildromantische Salzachtal vorbei.

Nach eineinhalb Stunden sanftem Treiben ab Tittmoning erreicht die für Ausflügler hergerichtete Plätte Burghausen. Seit über 40 Jahren touren die flachen Kähne nach uralter Tradition durch die grüne Wildnis. Über 16 Kilometer geht es dabei immer entlang der Grenze. Salzplättenführer Schorsch erklärt die Position: „Linkes Ufer Bayern, rechtes Ufer Österreich". Im späten Mittelalter waren hier täglich mehrere der „platten Kähne" zum Salztransport von Reichenhall nach Burghausen unterwegs. War das Salz abgeladen, zogen Pferde die leeren Salzplätten flussaufwärts.

Tittmoning, das über tausend Jahre zu Salzburg gehörte, spielte damals im Salzhandel zwar auch eine Rolle, wurde aber im Gegensatz zu Burghausen durch das „weiße Gold" nicht reich. Bevor man Tittmoning auf dem landschaftlich geschützten Grenzfluss Richtung Burghausen hinter sich lässt, lohnt sich ein Bummel durch die herausgeputzte Stadtgemeinde mit ihren 6100 Einwohnern. Vorbei an schmucken Häusern mit Erkern, Laubengängen, Spitzgiebeln und verzierten Torbögen landet man auf dem breiten Stadtplatz, der schon öfter

37 Tittmoning

als Kulisse in historischen Filmen eine Rolle gespielt hat. In dem gemütlichen Städtchen mit seinen Häusern im typischen Inn-Salzach-Baustil steht Musik in hohem Rang. Im Hof der Burg oberhalb der Altstadt erklingen häufig Konzerte. Darüber hinaus ist das 23 Räume umfassende Museum im Innern der Burg einen Besuch wert. In einem der Räume kann man eine international bekannte Schützenscheibensammlung bewundern. Bevor Tittmoning 1972 dem Landkreis Traunstein zugeteilt wurde, war die Grenzstadt in eine Art Dornröschenschlaf gesunken. Doch dann wurde das historische Stadtbild aufgefrischt. Das brachte weithin beachtliche Anerkennung und Auszeichnungen wie den Deutschen Städtebaupreis und mehrere Architekturpreise. Eine Ansicht der prunkvollen Fassade des Rathauses wird zudem im Vorspann der beliebten Fernsehserie „Königlich Bayerisches Amtsgericht" gezeigt.

Die Fahrt beginnt auf der Plätte Burghausen.

Informationen:
Tourist-Info Tittmoning, Stadtplatz 1, 84529 Tittmoning, Tel.: 08683 700710, www.tittmoning.eu
Plättenfahrt auf der Salzach ab Mai bis Mitte September jeden Sonntag Nachmittag ab Tittmoning, Preis pro Person 17 Euro, Anmeldung erforderlich, Tel.: 08677 887140, www.burghausen.de

Wie man hinkommt:
Autobahn A8 München – Salzburg, Ausfahrt Traunstein und weiter auf der Staatsstraße 2105, über Waging hinaus und auf der 2106 nach Tittmoning fahren.

Was es sonst noch gibt:
Auf dem Auenlehrpfad in Tittmoning kann man die Tier- und Pflanzenwelt erkunden. Ein besonderes Erlebnis für Familien ist der Walderlebnispfad in Tittmoning-Meggenthal. Auf dem Bienenlehrpfad entdeckt man, wie wichtig die Honig produzierenden Tiere für unsere Nahrungskette sind. Allein in und um Tittmoning bestäuben die fleißigen Bienen rund 2000 einheimische Blütenpflanzen.

Die Uferpromenade des Waginger Sees mit Kurhaus und Campingplatz

Der warme See wird zur Öko-Oase

Schon in den 1920er- und 1930er-Jahren war Waging ein beliebter Ort für Sommerfrischler. Es hatte sich herumgesprochen, dass der Badesee in der Nähe von Salzburg (35 Kilometer) viel wärmer ist als die Seen im Salzkammergut. Schon bald wurde eine Badeanstalt errichtet, zu der eine Promenade führt. 1949 erhielt der Ort die offizielle Bezeichnung Waging am See. Das veranlasste den damaligen Bürgermeister Sebastian Schuhbeck dazu, das Urlaubsparadies mit einem 900 Meter langen Badestrand, einem Strandcafé und nicht zuletzt einem Strandkurhaus ehrgeizig auszubauen. Auch der Segelclub war bald eine feste Institution.

Schien die Sonne einmal nicht, war ein fideles Unterhaltungsprogramm mit Musik und Tanz geboten, das Waging bald zum Lieblingsurlaubsplatz machte. Ein weiteres Highlight brachte ein Starkoch mit. Alfons Karg, ein gelernter Fernmeldetechniker aus Traunstein, bewies im „Kurhausstüberl" eine so sichere Hand für die gute bayerische Küche, dass schon bald einige Sterne über dem zwischenzeitlich weithin bekannten Stüberl leuchteten. Das begeisterte Bürgermeister Schuhbeck derart, dass er den Karg-Alfons kurzerhand adoptierte und damit einen Alfons Schuhbeck aus ihm machte. Der Sternekoch, der heute vom Münchner Platzl aus ein gastronomi-

38 Waging am See

sches Imperium dirigiert, hat Waging mit seiner Kochkunst zum Geheimtipp für Genießer gemacht.

Vor knapp 20 Jahren läutete ein neuer Bürgermeister die große Wende in Waging ein. Mit der Wahl des jungen Sepp Daxenberger zog erstmals ein Grüner in ein bayerisches Rathaus ein. Der Biobauer brachte seine ökologische Grundüberzeugung mit und trommelte zunächst für die Anreise mit der Bahn, um das Verkehrschaos in seinem Ferienort zu beruhigen. Dann setzte sich der bodenständige Bayer für uferferne Erlebnisprogramme ein. Rad- und Bergwanderwochen entzerren seither den überlaufenen, etwa zehn Kilometer langen See, der mit seinen 27 Grad Wassertemperatur im Sommer als wärmste Badewanne Oberbayerns gilt. Auch kulturhistorische Angebote wie das Waginger Bajuwarenmuseum, in dem die großbairische Frühgeschichte dargestellt ist, rückte der umweltbewusste Bürgermeister ins Licht der touristischen Attraktionen.

Wer sich auf Wanderschaft in das geschlossene Seengebiet des Waginger und Tachinger Sees begibt, kann zwischen Schilfgürteln und naturbelassenen Bachläufen seltene Vogelarten beobachten. Zu den besonderen Erlebnissen gehören auch beschauliche Natur-Rundwanderungen durch die Schönramer Filz (bairisch für Heide) oder auf dem Auenlehrpfad bei Tittmoning. Auch in den unberührten Salzachauen bei Fridolfing können Naturliebhaber die beschauliche Ruhe genießen.

Rund um das fjordartige Seenduett breiten sich Wiesen und Felder, Moore und Wälder aus. In den schmucken Dörfern sieht man noch malerische Bauernhöfe mit traditionellem Bundwerk.

Auch mit dem Fahrrad lässt sich der Waginger See samt Umgebung bequem erkunden. Dazu bietet sich die Bajuwaren-Tour oder der Mozart- ebenso wie der Papst-Benedikt-Radweg an. Das dichte, einheitlich beschilderte Radwegenetz mit dem Salzachtalradweg ergänzen die Rundwege um den Waginger und Tachinger See. Wer die eine oder andere Etappe mit dem Zug zurücklegen möchte, kann die kostenlose Fahrradmitnahme in der Südostbayernbahn nutzen, einer der Verdienste des mittlerweile verstorbenen Bürgermeisters Daxenberger, der mit seinem Vollbart und der Krachledernen das Urbild eines Bayern abgegeben hatte.

Informationen:
Ferienregion Waginger See, Salzburger Str. 32, 83329 Waging am See, Tel.: 08681 313, www.waging-am-see.de

Wie man hinkommt:
Autobahn A8 München – Salzburg, Ausfahrt Siegsdorf, über Traunstein auf der Staatsstraße 2105 nach Waging am See. Von Traunstein nach Waging am See (Endstation) verkehrt wochentags stündlich ein Zug.

Ising

Im Hotel Gut Ising kann man sich richtig verwöhnen lassen.

Vom einfachen Gut zum Nobelhotel

Von fast jeder Erhöhung am Chiemsee erkennt man das ungleiche Paar:
Vor einer dunkelgrünen Waldsilhouette erhebt sich ein Turm mit bayerischer Zwiebel obendrauf und ein zweiter mit englischen Zinnen. Das Anwesen, das da so freundlich in der schönsten Landschaft steht, ist aus einem einfachen Gut hervorgegangen. Der königlich-bayerische Rittmeister von Liel hat den Hof 1864 zum Schlösschen erweitert und später, unterstützt vom wohlhabenden sächsischen Major Czermak und einem Münchner Hoftheater-Kostümmeister, als englisches Landherrenhaus mit Parkanlage umgestaltet. Rauschende Feste mit hochherrschaftlichen Gästen wurden hinter den noblen Mauern gefeiert, bis ein Brand der unbeschwerten Zeit ein jähes Ende bereitete.

Eine private Initiative hat nach dem Zweiten Weltkrieg den Wiederaufbau organisiert und aus dem Schloss ein Landschulheim gemacht, während das Gut selbst hingegen zu einem Reitsportzentrum ausgebaut wurde.

Mit Turnieren, Events und Festen das ganze Jahr über bringen die passionierten Reiter, Polospieler, Golfer, Wellnessgäste oder Urlauber ein gediegenes Flair nach Gut Ising.

Aus dem vierhundert Jahre alten Gutsgasthof „Zum goldenen Pflug" wurde das noble Vier-Sterne-Superior-Hotel „Gut Ising", das mit Reitstall, Reitschule,

39 Ising

Polozentrum, Golfplatz, vier Restaurants, Tennishallen und -plätzen, Tagungs- und Wellnessbereich Gäste aus der Region, ganz Deutschland, Österreich und der Schweiz anzieht. Bayerisch-nobel in einem anderen Sinn zeigt sich die Kirche „Mariä Himmelfahrt" von Ising mit ihrer beeindruckenden Rokoko-Eleganz. Äußerlich fügt sie sich allerdings ein in das spätgotisch einfache Bild der Dorfkirchen im Chiemgau. Im Innern ist sie indessen ein Paradebeispiel dafür, wie sich das ursprünglich Höfische des Rokoko in Bayern mit großer Selbstverständlichkeit mit volkstümlichen Traditionen verbunden hat.

Informationen:
Hotel Gut Ising, Kirchberg 3, 83339 Chieming, Tel.: 08667 790, www.gut-ising.de

Wie man hinkommt:
Autobahn A8 München – Salzburg, Ausfahrt Grabenstätt, über Chieming in Richtung Traunstein-Seebruck fahren, kurz vor Seebruck der Beschilderung nach Ising folgen.

Was es sonst noch gibt:
In einem der Restaurants auf „Gut Ising", dem Gasthof „Goldener Pflug" kann man unter historischem Stuck und Gewölbe oder im Biergarten Erlesenes aus Küche und Keller genießen.

Im Schloss Ising befindet sich ein Landschulheim.

Chieming 40

Der Legende nach ist der Chiemgau nach dem Gaugrafen Chiemo benannt, der im 7. Jahrhundert seinen Sitz in Chieming hatte.

Einziger Ferienort am Ostufer des Chiemsees

Trotz der „Monopolstellung" als einziger Urlaubsort am Ostufer des Chiemsees hat Chieming seinen bäuerlich-dörflichen Charme weitgehend bewahrt. Nichts in der Ortschaft kokettiert mit der Moderne. Wenn etwas neu gemacht wird, wie der historische Denglhamer Hof aus dem Jahr 1822, dann so behutsam, dass das Anwesen zwar heraussticht, aber dennoch sein „Gesicht" bewahrt. Auch in den Innenräumen, die seit der Restaurierung für öffentliche Veranstaltungen aller Art genutzt werden, ist man mit Bedacht ans Werk gegangen.

Die Pfarrkirche Mariä Himmelfahrt wirkt außen eher schlicht. Im Inneren überrascht das Gotteshaus aber mit einem kreuzgewölbten Saalbau mit halbrunder Apsis.

Im Turmgeschoss der Kirche werden drei Römersteine aufbewahrt, die beim Neubau der Kirche gefunden wurden. Diese sind ein Nachweis dafür, dass sich bereits die Römer am Ostufer des Chiemsees angesiedelt hatten.

Der Legende nach soll Gaugraf „Chiemo" Namensgeber für die Ortschaft Chieming und den gesamten Chiemgau sein. Die Existenz dieses Regionalfürsten ist indessen nicht belegt. Die römischen Wurzeln sind dagegen urkundlich festgehalten. Wegen der günstigen Lage am Seeufer führte eine römische Militärstraße durch den Ort.

40 Chieming

Jahrhunderte später bis zur Säkularisation 1803 gehörte die Hofmark Chieming zum Besitz des Klosters Baumburg.
Die Chiemgauer Bucht umfasst 38 amtlich benannte Ortsteile. Einer davon ist Stöttham, wo man in einer außerhalb gelegenen, himmlisch ruhigen Bucht ungestört baden kann. Nicht einmal ein Kiosk oder Getränkeverkäufer stört die Idylle. Insgesamt gibt es in Chieming einen sechs Kilometer langen Badestrand, der das Herz der Urlauber höher schlagen lässt. Wer gerade nicht baden möchte, kann an der Uferpromenade entlangflanieren und sich in einem der zahlreichen Restaurants, Biergärten und Cafés niederlassen und den Seeblick genießen.
In Chieming gibt es auch einen Schiffsanleger der Chiemsee-Schifffahrt, allerdings legen hier nur während der Saison Schiffe an.

Informationen:
Tourist Information Chieming, Hauptstraße 20b, 83339 Chieming, Tel.: 08664 988647, www.chieming.de

Wie man hinkommt:
A8 München Richtung Salzburg, Ausfahrt Grabenstätt sowie über die Staatsstraße 2096 oder 2095 – Rosenheim-Traunstein.

Die Pfarrkirche Mariä Himmelfahrt wurde im neuromanischen Stil erbaut.

Die einsame Kapelle von Stöttham

Das Kirchlein St. Johann westlich von Stöttham

Versteckt zwischen Bäumen liegt zwischen Stöttham und dem Chiemsee die kleine Kirche St. Johann. Eine Mauer umschließt das Gotteshaus, das von alten Gräbern umgeben ist.
Als sich im Mittelalter eine Pestepidemie ausgebreitet hatte, die Mensch und Tier dahinraffte, versuchten die Überlebenden, die höheren Mächte mit Opfergaben milde zu stimmen. Vor allem in Bergregionen und im Voralpenland war damals der Aberglaube weitverbreitet. Sicherheitshalber wurden die Pestopfer so weit entfernt wie möglich von den Dörfern und Siedlungen beerdigt. Dennoch griff die Ansteckung schnell um sich. Zwei Bauernburschen aus Stöttham gelang es dennoch, dem „schwarzen Tod" zu entkommen. Sie hatten sich auf ein Dach geflüchtet und sendeten mit kleinen Pfeifen Signale an die Überlebenden in der Umgebung. Es war der 7. Januar, als ihre hilfesuchenden Pfeifentöne schließlich Gehör fanden. In der Kapelle St. Johann gedenkt man noch heute mit einer Messe an jedem 7. Januar der Pestopfer und der Überlebenden von damals.

Das Kirchlein nahe dem Chiemsee wurde Johannes dem Täufer geweiht, der als Heiliger der Gewässer verehrt wird. Sakralbauten in der Nähe von Flüssen oder Seen tragen nicht selten seinen Namen.
Wer sich dem malerischen Platz mit der kleinen Kirche und dem angrenzenden Friedhof nähert, spürt die wohltuende Ruhe, die der „Kraftplatz" ausstrahlt. Auf den Grabsteinen entdeckt man auch Namen bekannter Schöngeister, wie der Schriftstellerin Isabella Nadolny, die hier in Frieden ruht. Ihr Sohn Sten Nadolny, der mit seinem Roman „Die Entdeckung der Langsamkeit" bekannt wurde, ist in Chieming aufgewachsen. Sein aktuelles Buch „Weitlings Sommerfrische" ist gleichsam eine Reminiszenz an seine Zeit am Chiemsee.

Wie man hinkommt:
A8 bis Grabenstätt und weiter Richtung Chieming, durch den Ort bis zum Gasthof Unterwirt fahren und links in die Stötthamer Straße einbiegen. Vom Parkplatz geht es durch ein Wäldchen Richtung Egerer und über einen der Trampelpfade Richtung Wasser.

Inmitten des Traunsteiner Stadtplatzes steht die Kirche St. Oswald.

Auf dem Benediktweg den Spuren des Papstes folgen

„Den größten, schönsten und wichtigsten Teil meiner Jugend habe ich in Traunstein verlebt", erinnert sich der ehemalige Papst Benedikt an die Kindheits- und Jugendjahre in seiner Vaterstadt. Die „Stadt vor den Bergen", wie die Einheimischen das lebendige Wirtschafts- und Verwaltungszentrum im Chiemgau wegen der offenen Lage vor den Chiemgauer Alpen nennen, hat ihren altbayerischen Charme nach mehreren Großbränden zwar eingebüßt. Dennoch sind die frühere Bedeutung und der Wohlstand des Ortes an der „güldenen Salzstraße", die von Bad Reichenhall nach München führte, noch immer zu spüren. Als die Reichenhaller wegen Holzmangels eine Soleleitung nach Traunstein legten, wurde dort zudem eine eigene Saline gebaut, die bis 1912 in Betrieb war. Aus dem 17. Jahrhundert stammt die Salinenkirche St. Rupert, die in ihrem Innern mit einer originellen Stilvielfalt beeindruckt.

Als seine wichtigste Station in Traunstein ist Joseph Ratzinger alias Papst Benedikt das Studienseminar St. Michael auf der Wartberghöhe in Erinnerung geblieben. Bis heute sind beide Ratzinger-Brüder ihrer einstigen Ausbildungsstätte verbunden geblieben. Besuche in dem Priesterseminar haben Joseph und Georg immer für Ausflüge zu den schöns-

Traunstein 42

ten Winkeln des Voralpenlandes genutzt. Den Spuren von Benedikt, der als bisher einziger Papst zu seinen Lebzeiten abgedankt hat, kann man auf einer Radtour folgen. Ausgangspunkt des 248 Kilometer langen Benediktweges ist die Papstlinde in Altötting. Die Strecke führt auch durch Ratzingers Geburtsort Marktl und passiert andere kirchengeschichtlich bedeutende Orte im Chiemgau.

Darunter sind Tittmoning, Waging am See wie auch Hufschlag am Stadtrand von Traunstein. Über den Traun-Alz-Radweg flussaufwärts Richtung Siegsdorf erreicht man Maria Eck mit der Wallfahrtskirche und dem Franziskaner-Minoriten-Kloster. Über Unterwössen, Chieming und Seebruck führt die Tour weiter nach Seeon mit dem idyllisch auf einer Insel gelegenen ehemaligen Benediktinerkloster, das heute als Tagungs- und Seminarzentrum dient. Weitere Stationen sind Gstadt und die Chiemsee-Inseln sowie Amerang, Wasserburg und Aschau. Dazwischen lohnt sich ein Abstecher nach Rimsting, dem Heimatort der Papst-Mutter. Über den Chiemsee-Uferweg erreicht man die Pfarrkirche St. Nikolaus, deren Hochaltar Teile der einstigen Domstiftskirche Herrenchiemsee enthält.

Auf einem Höhenrücken westlich von Rimsting liegt der Aussichtspunkt „Ratzinger Höhe", der eine wunderbare Fernsicht über den Chiemsee und den Chiemgau bis hin zu den Alpen bietet.

Der bekannteste Schüler des Studienseminars St. Michael ist Papst Benedikt XVI.

Informationen:
Chiemgau Tourismus, Gabelsbergerstraße 8, 83278 Traunstein,
Tel.: 0861 9095900, www.chiemgau-tourismus.de
Radtour: www.benediktweg.info oder www.eurobike.at

43   Der Tüttensee

Geschützt von Bäumen lädt die Bucht am Tüttensee ein, hier einen erholsamen Badetag zu verbringen.

Idyll mitten im Wald

Während Wanderer, die gerne von ausgetretenen Pfaden abweichen, das versteckte Gewässer mitten im Wald gezielt ansteuern, entdecken andere den moorhaltigen See eher per Zufall. Oder man sucht nach einem ruhigen Badeplatz, weg vom Trubel am quirligen Chiemsee. Nur wenige Kilometer entfernt von der großen Badewanne liegt der Tüttensee. Umgeben vom erholsamen Grün der Bäume kann man ungestört im wohltemperierten Wasser des Moorsees plantschen, das obendrein noch eine wohltuende Wirkung auf die Haut hat. Kaum ein Tourist verirrt sich an den fast kreisrunden, zwischen den beiden Ortschaften Grabenstätt und Vachendorf still ruhenden See. Trotz seiner Tiefe von elf bis gut 17 Metern ist das Gewässer eines der wärmsten in ganz Oberbayern. Hauptsächlich Einheimische nutzen das artenreiche und vielfältige Landschaftsschutzgebiet als Rückzugsort, der fernab vom Trubel pure Erholung beim Baden und Sonnenbaden auf naturbelassenen Holzstegen bietet. Wer in Bewegung bleiben möchte, kann den Tüttensee auf dem „Kometen-Wanderweg" umrunden. Wie die anderen Gewässer

Der Tüttensee

im Chiemgau ist der Tüttensee, der in einem Toteiskessel liegt, beim Rückzug des Chiemsee-Gletschers nach der letzten Eiszeit entstanden.

Eine andere Geologen-Gruppe behauptet allerdings, der Moorsee sei aus einem gewaltigen Meteoriteneinschlag während der Keltenzeit vor 3000 bis 5000 Jahren hervorgegangen. Wer Genaueres über die Entstehungstheorien erfahren möchte, kann sich im Chiemgau-Impakt-Museum in der Schlossökonomie in Grabenstätt informieren.

Nach der Seeumrundung lockt erst einmal ein frisches Bier zu herzhaften bayerischen Schmankerln im Gasthaus Seebad neben der großen Liegewiese am Südufer.

Informationen:
Tourist-Information Grabenstätt,
Schloss-Straße 17, 83355 Grabenstätt,
Tel.: 08661 988731, www.grabenstaett.de
Seebad Tüttensee, Lueg 2, 83377 Vachendorf,
Tel.: 08661 983838, www.tuettensee-seebad.de

Wie man hinkommt:
Autobahn A8 München – Salzburg, Ausfahrt Grabenstätt, weiter bis zum Marktplatz in Grabenstätt und abbiegen in die Tüttenseestraße, weiterfahren bis zum Ende der Ortschaft und dann dem Schild links zum Tüttensee folgen.

Im Chiemgau-Impakt-Museum werden zahlreiche Funde aus dem Kraterstreufeld gezeigt.

Die Kraft des Wassers am Kohlstatt-Wasserfall

Imposante Natursehenswürdigkeit in Kohlstatt

An Wasserfällen herrscht im Chiemgau ganz sicher kein Mangel.
Von der Ortschaft Bergen, die sich in einem Talkessel ausbreitet, führt eine gemütliche Wanderung zu dem eindrucksvollen Kohlstatt-Wasserfall. Zunächst geht es von Bergen mit dem Auto zum Parkplatz in Kohlstatt. Dann wandert man über einen bequemen Weg bergauf. Die Weiße Ache ist ständiger Begleiter auf der überschaubaren Strecke, die durch lichten Bergwald führt. Über kleine Trampelpfade kann man immer wieder zum plätschernden Bach mit seinen Gumpen und den zahlreichen kleinen Wasserfällen hinuntersteigen. Besonders an heißen Sommertagen ist es eine Wohltat, die Füße in dem klaren Wasser abzukühlen. Ganz allmählich erweitert sich dann der Bachlauf zu einem breiten Kiesbett, das zu einem Sonnenbad oder zum Sammeln der teilweise bizarr geformten Steine einlädt.

Nach einer knappen Stunde Gehzeit erreicht man das Hinweisschild zum Kohlstatt-Wasserfall. Dann geht es noch über eine kleine Brücke, und schon steht man vor dem Wasserfall, der mit heftigem Getöse etwa dreißig Meter in die Tiefe stürzt. Die Kraft des Wassers zieht nicht nur alle Beobachter in ihren Bann, sondern wirkt sich auch wohltuend auf ihr Befinden aus. Durch den heftigen Aufprall laden sich die einzelnen Wassermoleküle ionisch auf, das Wasser zerfällt in unzählige winzige Partikel, die man auf der Haut spürt. Das erfrischt und entspannt zugleich. Geobiologen haben herausgefunden, dass die Luft direkt an Wasserfällen durch ihre negativ aufgeladenen Ionen wie Balsam auf die Atemwege wirkt. Tief durchatmen heißt es also und die Hektik des Alltags hinter sich lassen. Mit neuer Energie wandert man danach zurück zum Parkplatz in Kohlstatt und lässt die Kraft des Wassers noch ein wenig auf sich wirken.

> **Wie man hinkommt:**
> Autobahn A8 München – Salzburg, Ausfahrt Bergen, durch den Ort fahren und an der Talstation der Hochfelln-Seilbahn und der Maxhütte vorbei der schmalen Straße bis zum Wanderparkplatz Kohlstatt weiter folgen. Das Auto parken und zu Fuß auf dem Wanderweg Nr. 10 bis zu den Schildern „Wasserfall" laufen, den man in etwa einer Dreiviertelstunde erreicht.

Im Museum Maxhütte kann man die Chiemgauer Industriegeschichte hautnah erleben.

Industrievergangenheit im Museum Maxhütte

Fährt man an der Hochfelln-Seilbahn vorbei und folgt der engen Straße hinauf ins Tal der Weißache, steht man nach einer scharfen Kurve plötzlich und unvermutet vor einer alten Industriehalle. Ein etwa 30 Meter hoher Schlot aus roten Backsteinen ragt empor. Auf dem Dach prangt das alte Firmenlogo noch deutlich sichtbar. Etwas kleiner und unscheinbarer steht auf einem 2002 angebrachten Schild der neue Name: Museum Maxhütte Bergen. In der ehemaligen Dreherhalle sind über 350 Jahre Arbeit am Hochofen und in der Gießerei dokumentiert. Anfangs wurde hier aus Erz Roheisen gewonnen. An ausgestellten Modellen sieht man, wie das flüssige Eisen in Formen gegossen und dann zu allerlei Gebrauchsgegenständen verarbeitet wurde. Dabei entstanden Bauteile für Salinen und Bahnhöfe, für Sägemaschinen und Balkone oder gusseiserne Grabkreuze. Während des Ersten Weltkriegs wurden hier Granathülsen und Gewehre, Kugeln und Kanonen produziert. Die meisten Gegenstände stammen indessen aus friedlichen Zeiten. Darunter die filigranen Eisenbauteile der Münchner Schrannenhalle oder der Brunnen an der Ludwig-Maximilians-Universität. Darüber hinaus erinnern manch andere Eisenkunstwerke noch heute an das weithin bedeutende Zentrum für den Abbau und die Verhüttung von Eisenerz, das sich,

Bergen

man mag es kaum glauben, in der Idylle des Chiemgaus entwickelt hatte.
Dass die Berge der Voralpenregion reich an Erzen sind, wussten bereits die Römer. Indessen hat erst Pankraz von Freyberg zu Hohenaschau und Wildenwart im Jahre 1561 begonnen, das Metall systematisch abzubauen. Der clevere Politiker, der als Hofmarschall des bayerischen Herzogs Albrecht V. äußerst einflussreich war, sicherte sich das ertragreiche Abbaugebiet und ließ in dem Ort Bergen am Fuß des Hochfelln einen Hochofen errichten. Als König Maximilian im Jahr 1824 der Hütte einen Besuch abstattete, war der Monarch so begeistert über das florierende Werk, dass er dem Unternehmen seinen Namen verlieh. Maxhütte stand von nun an in großen Lettern über dem Eingang. Doch die Konkurrenz in der Oberpfalz und im Ruhrgebiet ließ nicht lange auf sich warten. Während die Hochöfen dort noch glühten, wurden sie in Bergen bereits 1925 endgültig stillgelegt und die Pforten der Maxhütte fast genau 100 Jahre nach König Maximilians Besuch geschlossen.

In der Nähe der Hütte ist noch das dunkle Schlackenhaus zu sehen, das aus Schlackensteinen, einem bei der Eisenverhüttung anfallenden Abfallprodukt, gebaut wurde und lange als Arbeiterwohnhaus diente.

Informationen:
Tourist-Information Bergen / Chiemgau, Raiffeisenplatz 4, 83346 Bergen, Tel.: 08662 8321, www.bergen-chiemgau.de
Museum Maxhütte Bergen, Maxhüttenstraße 10, 83346 Bergen i. Chiemgau, Tel.: 08662 8321
Öffnungszeiten: Mai bis Oktober, Dienstag bis Sonntag 10 bis 16 Uhr

Wie man hinkommt:
Autobahn A8 München – Salzburg, Ausfahrt Bergen, durch die Ortschaft fahren, an der Talstation der Hochfelln-Seilbahn vorbei und weiter bis auf der rechten Seite das Schild „Museum Maxhütte" zu sehen ist.

Auf dem Weg zum Museum fährt man an der Hochfelln-Seilbahn vorbei.

Dieses Mammutskelett imponiert wohl auch den Großen.

Im Museum kann man die Entstehung der Alpen erleben

Der Chiemgau ist mehr als eine der beliebtesten Ferienregionen Deutschlands. Funde in der Siegsdorfer Gegend zeigen, dass in dem Gebiet schon vor Tausenden von Jahren menschliche Wesen unterwegs waren. Neben pflanzlichen und tierischen Spuren haben Geologen auch deutliche Hinweise auf menschliches Leben zwischen dem Alpenrand und der Moränen- und Moorlandschaft entdeckt, die über 47 000 Jahre alt sind. Damit wurde den Wissenschaftlern klar, dass der älteste Bayer kein Kelte und auch kein Bajuware, sondern ein Neandertaler war. Im Siegsdorfer Museum können Ausflügler und Urlauber in die bewegte Vergangenheit der Chiemgau-Region eintauchen.

Anhand eines beweglichen Landschaftsreliefs kann man sich ein Bild machen, wie das heutige Hochgebirge entstanden ist. Auf Knopfdruck wird sogar ein leichtes Erdbeben ausgelöst. In imaginären Höhlen und Bergwerkstollen sind interessante Bodenschätze aufbereitet und erklärt. Dann geht es in die Unterwasserwelt. In der Abteilung „Unter dem Meeresspiegel" heißt es: „Berühren erlaubt!" Das gilt für große Fossilien wie den riesigen nachgebauten Haifischschädel, aber auch für Korallen und Muscheln. Faszinierend ist besonders der Entenschnabelsaurier, vermutlich der jüngste Alpen-Donau-Saurier. Auch die Überreste von Landtieren, die vor Jahrtausenden in der Voralpenlandschaft gelebt haben, versetzen ins Staunen. Darunter sind Riesenhirsche, Wölfe und Braunbären, aber auch Höhlenhyänen und Wollnashörner. Unter einem transparenten Zeltdach ist eine Nachbildung vom Gerippe des größten Mammuts, das je in Mitteleuropa entdeckt wurde, wirkungsvoll ins Licht gesetzt. Zu Füßen des Mammutsketts liegen originale Mammutknochen sowie ein Stoß- und ein Backenzahn der urzeitlichen Riesen. Auch hier gilt: „Berühren erlaubt".

Wer tiefer in die Steinzeit eintauchen möchte, kann einen „Steinzeit-Schnupperkurs" buchen. Außer Feuermachen kann man dabei lernen, wie man Lampen, Beile und Figuren aus Stein schnitzt, steinzeitliche Nahrung zubereitet oder Höhlenmalereien, Schmuck und Amulette anfertigt. Darüber hinaus werden Fragen rund um die Welt der Neandertaler beantwortet: Wie haben sie gelebt, gearbeitet und wie hat ihr Alltag ausgesehen?

Informationen:
Südostbayerisches Naturkunde und Mammut-Museum, Auenstraße 2, 83313 Siegsdorf,
Tel.: 08662 13316, www.museum-siegsdorf.de
Öffnungszeiten: Ostern bis Allerheiligen täglich von 10 bis 18 Uhr, Wintersaison gekürzte Öffnungszeiten (siehe Homepage)

Was es sonst noch gibt:
Der Hammerwirt ist ein bayerisches Gasthaus mit Gartenterrasse und Biergarten wie aus dem Bilderbuch. Was auch immer der Gast von der Küche erwartet, gutbürgerliche Gerichte oder Speisen für den gehobenen Anspruch, hier wird es erfüllt. Der Gasthof befindet sich im Siegsdorfer Ortsteil Hammer. Vom Museum aus sind es 5,5 Kilometer bis dorthin.
Hotel Gasthof Hörterer „Der Hammerwirt", Schmiedstraße 1, 83313 Hammer/Siegsdorf,
Tel.: 08662 6670, www.der-hammerwirt.de

Der Hammerwirt blickt auf eine jahrhundertelange Tradition zurück.

Siegsdorf 47

Der Luftkurort Siegsdorf wurde wegen seiner Quelle berühmt.

Mineralwasser aus Bad Adelholzen

Das Adelholzener Wasser kennt jeder. Doch kaum einer weiß, dass die prickelnde Quelle an einem dicht bewaldeten Berg bei Siegsdorf entspringt. Der Legende nach soll ein römischer Legionär namens Primus die Quelle im dritten Jahrhundert nach Christus entdeckt und mit ihrem Wasser angeblich bereits damals Leidenden und Gebrechlichen auf die Beine geholfen haben.

In der Kapelle des ältesten Heilbades in Bayern kann man Votivgaben in allen Variationen besichtigen, darunter auch zwei abgestellte Krücken. Den Aufzeichnungen des Badearztes Dr. Bopp können wir entnehmen, dass es die ersten Badegäste schon im frühen 17. Jahrhundert nach Adelholzen zog und bereits damals ein reger Badebetrieb herrschte. Vor allem das betuchte Bürgertum und Adelige kamen in die „adelige Hofmark", um sich mit dem heilsamen Wasser zu kurieren.

Die Quelle und den Kurbereich, deren Namen aus dem „Holz des Andlo" abgeleitet ist, hat vor über hundert Jahren das Münchner Mutterhaus der Kongregation der Barmherzigen Schwestern erworben und mit dem Zusatz „Bad" versehen. Zunächst weiteten die Klosterschwestern den Kurbetrieb aus. Hohe Geistliche, wie der Nuntius Pacelli, später Papst Pius XII., suchten bei den Klosterschwestern und dem Quellwas-

91

47 Siegsdorf

ser Heilung. Dennoch schloss die Kongregation der Barmherzigen Schwestern 1936 die Kurkliniktüren und widmete sich ausschließlich dem Abfüllen des Wassers aus der Primusquelle, die sich bald darauf „staatlich anerkannte Heilquelle" nennen durfte. Vor 20 Jahren wurde das weltweit bekannte Unternehmen mit 380 Mitarbeitern in „Adelholzener Alpenquellen" umbenannt. Die Kongregation freut sich über die munter sprudelnde Wasser- und Geldquelle. Einen Teil des Gewinns stecken die Barmherzigen Schwestern in verschiedene soziale Projekte, um Kranken und Gebrechlichen auf diesem Weg auf die Beine zu helfen.

Einheimische und Wanderer, die an der Quelle vorbeikommen, dürfen das Sprudelwasser wie ehedem jederzeit und kostenfrei abfüllen. Wer sich für die elektronische Abfülltechnik interessiert und mehr über die Geschichte von Bad Adelholzen wissen möchte, kann sich im „Besucherzentrum Wasserwelt" zu einer Führung anmelden.

Informationen:
Adelholzener „Wasserwelt", St.-Primus-Straße 1-5, 83313 Siegsdorf (Bad Adelholzen), Tel.: 08662 62361, www.adelholzener.de
Öffnungszeiten: Montag bis Donnerstag 8 bis 16 Uhr, Freitag 8 bis 12 Uhr

Wie man hinkommt:
Autobahn A8 München – Salzburg, Ausfahrt Bergen, an der Kreuzung der Beschilderung nach Adelholzen folgen. In Adelholzen Richtung Gewerbegebiet und dort nach links orientieren. Am Exerzitien- und Bildungshaus der Kongregation ist ein Parkplatz. Links davon befindet sich die Quelle und gleich dahinter die Kapelle.

Der weite Firmenkomplex des Getränkeherstellers Adelholzener

Maria Eck 48

Wallfahrtskirche und Kloster Maria Eck bei Siegsdorf

Der Balkon des Chiemgaus

Kaum schöner könnte die Lage der zauberhaften Wallfahrt sein, deshalb hört man mitunter auch die Bezeichnung „Balkon des Chiemgaus". Im 17. Jahrhundert wurde die knapp 900 Meter hoch gelegene Kirche erbaut, in der Maria nicht weniger als 580 Wunder bewirkt haben soll. Entsprechend umfangreich ist das Mirakelbuch und auch die Votivtafeln sprechen Bände. Sagenhaft klingt etwa die Erzählung von der Sennerin, die in einer Neumondnacht Lichter auf einer Almwiese leuchten sah. Sie vertraute sich dem Pfarrer an, und der erklärte die beschriebenen drei Flammen als Zeichen der Heiligen Dreifaltigkeit und damit als Hinweis, an dieser Stelle eine Kirche zu errichten. Umgehend wurde der Grundstein für das Gotteshaus gelegt. Doch als der sakrale Bau seine Pforten öffnete, erlosch nur eines der drei Lichter. Der Bau eines Altars folgte und prompt erlosch das zweite Licht. Erst als ein zweiter Altar dazu kam und geweiht war, ging auch das dritte Lichtzeichen aus.

Letztendlich wurden die beiden Altäre, der barocke Hochaltar und der Seitenaltar im Stil des Rokoko, um einen weiteren Rokoko-Seitenaltar ergänzt.

Die Lichterscheinung soll während des Dreißigjährigen Krieges stattgefunden haben, als sich die Bayern in ihrer Not und ihrem Elend verstärkt dem Aberglauben zuwendeten. Damals waren die Benediktinermönche vom Kloster Seeon aus Furcht

Maria Eck

in drei Bergbauernhöfe in der Gegend um Maria Eck geflohen. Indessen machten die schwedischen Soldaten einen Bogen um den Chiemgau. Das beförderte den Glauben an die wundersamen Kräfte der Wallfahrt zur Muttergottes von Maria Eck. Daraufhin pilgerten unzählige Gläubige hinauf auf den Wallfahrtsberg mit der herrlichen Aussicht.

An jedem dritten Sonntag im Mai zieht die große Siegsdorfer Trachtenwallfahrt hinauf zur Kirche Maria Eck. Tausende von Trachtlern geben dann auf ihrem Pilgerweg zur Muttergottes ein farbenprächtiges Bild.

Wanderer sollten gut eine Stunde für den bequemen Weg einplanen. Wer höher hinauf möchte, sollte sich auf weitere dreieinhalb Stunden bis zum Gipfel des Hochfelln einstellen.

Doch vorab gibt es eine Stärkung im gemütlichen Klostergasthof Maria Eck. Als die Seeoner Mönche die Betreuung der Wallfahrt im Jahr 1636 übernommen hatten, errichteten die Benediktiner, bei denen neben dem geistlichen auch das leibliche Wohl zählt, ein stattliches Gasthaus. Die Mönche sind längst weg, doch ihre Tradition der Gastfreundschaft ist bis heute erhalten geblieben.

Informationen:
Klostergasthof Maria Eck, Maria-Eck-Straße 3, 83313 Siegsdorf
Tel.: 08662 9396, www.maria-eck.de

Wie man hinkommt:
Autobahn A8 München – Salzburg, Ausfahrt Traunstein/Siegsdorf, durch Siegsdorf fahren und am Ende der Beschilderung nach Maria Eck folgen.

Eindrücke der Siegsdorfer Trachtenwallfahrt

Inzell

Die Max Aicher Arena in Inzell gilt als weltweit modernste Eisschnelllaufhalle.

Alles, was das Sportlerherz begehrt

Knapp 50 Jahre ist es her, dass sich das 3500-Seelen-Dorf einen großspurigen Beinamen verpasst hat: „Erster Sportkurort Europas".

Der damalige Bürgermeister Ludwig Schwabl hatte Inzell zum deutschen Eissportzentrum ausgerufen. Doch nicht nur Profis, sondern auch Feriengäste sollten davon profitieren. Indessen hatten die Inzeller damals keine künstliche Eisbahn zu bieten, sondern nur den schattig gelegenen Frillensee oberhalb vom Ortsteil Adlgaß. „Zwölf Zentimeter dickes glasklares Eis", erinnert sich der Bürgermeister.

Damals führte Inzell noch ein Schattendasein neben seinen weit bekannteren Nachbarn Ruhpolding und Reit im Winkl. Immerhin gab es schon eine stattliche Anzahl an Gästebetten und eben den eisigen, etwas abseits auf 922 Meter Höhe gelegenen Frillensee.

Schon bald entstand am deutlich zentraler gelegenen Zwingsee eine Kunsteisbahn mit teilweise überdachter Tribüne. Bund, Freistaat und Gemeinde teilten sich die Kosten für das Trainingszentrum. Seit ihrer Neuereröffnung 2011 gilt die Max Aicher Arena als modernste Eisschnelllaufhalle der Welt. In trainings- und wettkampffreien Zeiten können Einheimische und Urlaubsgäste ihre Runden auf den Profi-Bahnen drehen. Unter dem Motto „Fit durch Ferien"

49 Inzell

haben die Inzeller Touristiker schon früh die Ferienzeit mit Gesundheit durch sportliche Aktivitäten in Zusammenhang gebracht. Im Winter stehen dabei von jeher Eislaufen, Eisstockschießen und Skiwandern an erster Stelle. Das Loipennetz oben im Wildenmoos wird bis ins Frühjahr präpariert.

Im Sommer bieten sich abwechslungsreiche Wanderungen und Radtouren an. Für die Almwanderung, die im Inzeller Ortsteil Adlgaß beginnt, sollte man eineinhalb Stunden einplanen. Der gemütliche Rundweg zur Bäckeralm führt über breite und gut ausgeschilderte Forstwege. Unterwegs öffnet sich immer wieder ein herrlicher Ausblick auf das Inzeller Tal. Eine Genusswanderung führt rund um den idyllischen Frillensee, der mitunter als kältester See Deutschlands bezeichnet wird. Ganz sicher ist das glasklare Gewässer die Wiege des Inzeller Eisschnelllaufs.

Vom Forsthaus Adlgaß führt ein Bergwald-Erlebnispfad zu zahlreichen spannenden Erlebnis- und Informationsstationen, die dazu anregen, den Wald mit allen Sinnesorganen wahrzunehmen. So können vor allem auch Familien mit Kindern drei kurzweilige Stunden verbringen.

Ein Familienfahrradausflug führt über asphaltierte Panoramawege fast ohne Anstieg rund um Inzell mit seinen verträumten Ortsteilen. Das Kirchlein Einsiedl lädt zum Verweilen ein. Ab Startpunkt Niederachen tritt man bei dieser gemütlichen Radtour etwa zwei Stunden in die Pedale.

Glasklar leuchtet der Frillensee.

Informationen:
Inzeller Touristik GmbH, Rathausplatz 5, 83334 Inzell, Tel.: 08665 98850, www.inzell.de

Wie man hinkommt:
A 8 Ausfahrt Traunstein/Siegsdorf, weiter auf der B 306 Richtung Inzell fahren.

Inzell

Inzell ist das offizielle Zentrum des deutschen Eisschnelllaufsports.

Die Marienwallfahrt in Einsiedl

Im Ortsteil Einsiedl am Rand von Inzell spiegelt sich der spitze Turm der Marienwallfahrtskapelle St. Nikolaus in einem kleinen vorgelagerten Gewässer. Hinter dem Kirchlein fügt sich der Ferienhof „Beim Einsiedl" in die perfekte Idylle zwischen dem Falkenstein und Adlgaß ein. Auf diesem begnadeten Fleckchen Erde hat sich einst Luitpold II. Graf von Plain als Einsiedler niedergelassen. Nicht ganz freiwillig allerdings. Vielmehr wurde der Graf, der während der Herrschaftszeit Kaiser Friedrichs I. (Barbarossa genannt) lebte, von seinem Stammsitz in Plain, ebenfalls eine beliebte Marienwallfahrt nahe Salzburg, verbannt. Gemeinsam mit seinen Soldaten hatte der Graf in treuer Ergebenheit zum Kaiser im Jahr 1167 gegen den Papst in Rom und somit auch gegen den Salzburger Erzbischof gekämpft. Dabei brannte die Truppe Salzburg bis auf die Grundmauern nieder. Das ließ der Erzbischof nicht ungesühnt. Er belegte den kriegerischen Grafen mit einem Bann. Tief in seinem Inneren getroffen, suchte der Adelige reumütig die Einsamkeit und baute in der Abgelegenheit am äußersten Rand von Inzell eine Kapelle. Nach diesem sichtbaren Zeichen der Abbitte für sein frevelhaftes Verhalten zeigte sich der Salzburger Erzbischof dem Grafen gegenüber versöhnlich und weihte das Kirchlein im Juni des Jahres 1212. Die großmütigen Worte, mit denen der Kirchenfürst seine generöse Tat begleite-

Inzell

te, sind in die Annalen eingegangen: „Ich Eberhard II., Erzbischof von Salzburg, gebe kund, dass ich die bei Inzell gelegene, von Luitpold, dem Einsiedler, errichtete Kirche eingeweiht und ihrem Erbauer ein jener Kirche nahes Gut in der Absicht geschenkt habe, damit aus dessen Ertrag die Beleuchtung der gedachten Kirche zur Nachtzeit bestritten werden könne." So ist es bis heute. Als Eigentümer kümmert sich die Wirtsfamilie des Gutes „Beim Einsiedl" nach wie vor um die Wallfahrtskapelle. Indessen ist der Ferienbauernhof mit seiner biologischen Bewirtschaftung und der zeitgemäßen Ausstattung der Gästezimmer trotz des althergebrachten Namens längst in der Gegenwart angekommen und ein Urlaubsparadies geworden.

Informationen:
Inzeller Touristik GmbH, Rathausplatz 5, 83334 Inzell, Tel.: 08665 98850, www.inzell.de

Wie man hinkommt:
Autobahn A8 München – Salzburg, Ausfahrt Traunstein/Siegsdorf, weiter auf der B 306 Richtung Inzell, im Ort links orientieren und über die Adlgasser Straße Richtung Adlgaß und beim Sägewerk Spannring rechts nach Einsiedl fahren.

Was es sonst noch gibt:
Im Wohlfühltempo um Inzell wandern und dabei die Ruhe und die Natur genießen, das wollten die Gastgeber, Familie Bauregger, ihren Gästen ermöglichen. Deshalb haben sie 20 Alpakas aus den südamerikanischen Anden nach Inzell geholt. Seitdem streifen die Erholung Suchenden mit den friedvollen Tieren an der Leine über Wald- und Wiesenwege um Inzell. Das Tempo auf der fünf Kilometer langen Wanderung geben die ausgeglichenen Wesen vor. So gestaltet sich die etwa einstündige Tour ohne jede Hektik und wirkt wie eine kleine Meditationsreise auf die großen und kleinen Alpaka-Wanderer. „Der Seele etwas Gutes tun" – auf diese Formel hat Familie Bauregger das Angebot dieser ganz besonderen Entspannungstouren gebracht.

Die Nikolauskirche Einsiedl spiegelt sich im Sonnenuntergang.

Ruhpolding ist im Sommer und im Winter ein beliebter Ferienort.

Wo einst Glocken geschmiedet wurden

In Ruhpolding gehört die historische Glockenschmiede am Fuß des markanten Hochfelln zum beeindruckenden Kulturerbe.

Vor knapp 370 Jahren wurde die Hammerschmiede bereits urkundlich erwähnt. Damals war der Handwerksbetrieb eine von 13 Hammerschmieden in Ruhpolding. Doch die Glockenschmiede, die die immense Wasserkraft des Bachs direkt am Haus für ihren Betrieb nutzte, hielt die Stellung am längsten. Erst 1958 legte der letzte Schmiedemeister den Hammer nieder. Mit seinen traditionell gefertigten Kuhglocken, eisernen Sensen und Äxten, Spaten, Schaufeln, Keilen und Zangen kam der Betrieb nicht mehr gegen die industrielle Massenware an. Der Schornstein der letzten Schmiede in Ruhpolding erlosch, und die vielen Feuerzangen und Handhämmer in verschiedenen Größen sowie die Wechselformstücke für Weidevieh-Glocken setzten Rost an. Nachdem sich mehrere Denkmalschützer zusammen mit der Tochter des letzten Schmiedemeisters für den Erhalt des wichtigen Kulturgutes eingesetzt hatten, wurde aus der Anlage am Thoraubach im Brandner Tal ein „technisches Kulturdenkmal ersten Ranges".

Seitdem fallen die von Wasserrädern betriebenen Riesenhämmer bei Besuchervorführungen wieder auf den Amboss. Im Hammerschmiede-Museum

Ruhpolding

sind Geschichte und Technik der Glockenschmiede anschaulich dargestellt. Alte Aufzeichnungen, Urkunden und Geschäftsbücher geben Einblick in ein altes Handwerk, das im Chiemgau einst seinen festen Platz hatte. Eine Filmaufzeichnung zeigt die Abwicklung des letzten Kuhglockenauftrags von 1955. Der Streifen gibt zugleich Einblick in die harte Arbeitswelt von damals. Nur robuste, kräftige Naturen eigneten sich für das Schmiedehandwerk. Dies ist kaum verwunderlich bei dem dröhnenden Lärm der Eisenhämmer und den Arbeitszeiten von vier Uhr in der Früh bis abends um sechs.

Informationen:
Museum Glockenschmiede Ruhpolding, Haßlberg 6, 83324 Ruhpolding, Tel.: 08663 2309, www.museum-glockenschmiede.de
Öffnungszeiten: Mai und Oktober Dienstag bis Freitag 10 bis 12 Uhr und 14 bis 16 Uhr,
Juni bis Oktober Dienstag bis Freitag 10 bis 16 Uhr
Am Mühlentag, Pfingstmontag, 10 bis 16 Uhr
Eintrittspreise: Erwachsene 4 Euro, Kinder 2 Euro, Familien 10 Euro

Wie man hinkommt:
Anfahrt über die A 8 bis Ausfahrt Siegsdorf, dann der Beschilderung folgen nach Ruhpolding und weiter Richtung Maiergschwendt/Steinbergalm, über die Brandner Straße dann Richtung Vorderbrand und an der zweiten Brücke rechts.
Das Hammerwerk „Glockenschmiede" liegt etwas versteckt am Thoraubach im Brandner Tal.

Schon in den 1950er-Jahren war die Glockenschmiede ein Ziel für Touristen.

Inmitten der Chiemgauer Alpen ist das Holzknechtmuseum heute ein Ort der Erholung.

Das Holzknechtmuseum

Über Jahrhunderte wurden große Mengen an Holz in der Gegend um Ruhpolding geschlagen und in den Öfen der Saline in Traunstein verheizt. Daraus hat sich der Berufsstand der Holzknechte entwickelt.

Bis vor gut hundert Jahren galt die Holzverarbeitung als wichtiger Wirtschaftszweig in Ruhpolding. Danach geriet der Beruf in Vergessenheit, bis 1988 im Ortsteil Laubau das Holzknechtmuseum seine Pforten öffnete. Das neu erbaute Museum im Stil einer kurfürstlich-königlichen Salinenverwaltung mit Krüppelwalmdach soll an den Zusammenhang zwischen der Salzgewinnung und dem Beruf der Holzknechte erinnern. Auf zwei Etagen wird der harte Alltag der Holzarbeiter jenseits romantischer Verklärung dargestellt. Neben Arbeitsverträgen, die das bescheidene Einkommen sicherten, der Arbeitskleidung und den sperrigen Werkzeugen werden kurze Filme von der oft lebensgefährlichen Holzbringung gezeigt.

Mit dem Thema Aufforstung schlägt das Museum eine Brücke zur Gegenwart und weist darauf hin, dass der Wald als natürliche Ressource einen Raum für Erholung bietet.

Kindgerechte Museumpfade führen auch kleinere Kinder (ab vier Jahren) auf spielerische Weise an das Thema Holz und Wald heran. Dabei erfahren die jungen

52 Ruhpolding

„Holzdetektive unterwegs" einiges über Aufforstung, Pflanzen, Waldpflege und über den Erhalt der Natur.

Auf dem weitläufigen Ausstellungsgelände im Außenbereich kann man die Forsthütten und „Holzerstuben" besichtigen, die den Holzknechten in ihrem kargen Arbeitsleben als Unterkunft dienten. Nach der harten und gefährlichen Arbeit der Holzbringung, bei der die Knechte die mächtigen Stämme auf Loiten und Riesen sowie mit Seilbahnen und Bahnen zu Tal beförderten, brachte traditionelle Musik ein wenig Abwechslung in den grauen Alltag, wie der Hacker-Sepperl bei seiner musikalischen Führung demonstriert. Wechselnde Sonder- und Kunstausstellungen runden zudem das Museumsangebot ab.

Informationen:
Holzknechtmuseum Ruhpolding, Laubau 12, 83324 Ruhpolding, Tel.: 08663 639, www.holzknechtmuseum.com
Öffnungszeiten:
Januar bis März Mittwoch 10 bis 17 Uhr
Mai bis Oktober
Dienstag bis Sonntag 10 bis 17 Uhr
Juli bis September täglich 10 bis 17 Uhr
In den Ferienzeiten 13 bis 17 Uhr
Gruppenführungen auf Anfrage auch außerhalb der Öffnungszeiten.
Einzelne Hütten wie die Sonderbergstube und die Schneckenbachstube können von Gruppen für „Ferien im Museum" angemietet werden.

Wie man hinkommt:
Über die A8 Ausfahrt Traunstein-Siegsdorf, weiter bis Ruhpolding,
dann durch den Ort fahren und Richtung Reit im Winkl bis Laubau fahren.
Der Weg zum Parkplatz Holzknechtmuseum ist ausgeschildert.

Heute ist es kaum vorstellbar, dass die Holzknechte in den Hütten gehaust haben.

Ruhpolding 53

Waren einst Schmuggler unter dem Staubfall unterwegs, sind es heute die Wanderer.

Der Staubfall – wo einst Schmuggler unterwegs waren, wandern heute Touristen

Von Sehnsucht getrieben machte sich Max Hallweger am verschneiten Heiligen Abend auf den beschwerlichen Weg über den Staubfall nach Hause. In Unken im Salzburger Land hatte der Schäffler eine Anstellung. Die Weihnachtstage wollte der Wanderarbeiter mit seiner Familie in Ruhpolding verbringen. Meterhoch türmte sich der Schnee auf, deshalb rieten seine Kollegen ab, den Steig über das Heutal zu nehmen und dann hinunter am Fischbach entlang zu marschieren. Der treue Familienvater war aber wild entschlossen und ließ sich nicht zurückhalten. Er kämpfte sich durch die Schneemassen und musste sich jeden Meter auf dem Felsensteig unter dem Wasserfall hindurch bahnen, um schließlich durch den eiskalten Fischbach zu waten. Verfroren und erschöpft hatte der sonst gestandene Mann nach 24 Stunden sein Ziel erreicht.

Ist man heutzutage an einem strahlenden Sommermorgen auf diesem eindrucksvollen Grenzgang in umgekehrter Richtung unterwegs, kann man sich die Strapazen des Schäfflers kaum mehr vorstellen. Man startet am Fischbach und folgt dem Wasserlauf, bis es aufwärts geht Richtung Österreich. Die Forststraße ist für Wanderer ebenso wie für Radfahrer bestens geeig-

53 Ruhpolding

net. Langsam rücken dann von beiden Seiten Felswände näher. Bach und Weg laufen in der Enge des Tales aufeinander zu, bis sich unversehens ein kleiner Kessel öffnet. Zwei winzige Brücken führen dann auf einen schmalen Fußweg, der sich in Serpentinen den Hang hinauf schlängelt. Oben angekommen kann man das Naturschauspiel schon hören: Der Fischbach bahnt sich zwischen den Felsen seinen Weg und rauscht wild dahin, bis er schließlich tosend zu Tal fällt. Die Wucht splittet das herunterstürzende Wasser in Tropfen. Zahllose feine Partikel verteilen sich im Fall wie Staub. So ist der Wasserfall, der die Landesgrenze zwischen Bayern und Österreich markiert, zu seinem Namen „Staubfall" gekommen. Über 100 Meter stürzt das Wasser abwärts, während das Licht in den schwebenden Tropfen sämtliche Regenbogenfarben reflektiert. Auf dem befestigten Steg hinter der Wasserwand betritt man bereits österreichisches Staatsgebiet. Dann geht es über Holzstufen abwärts. Ein Waldweg führt anschließend ins weite Heutal, das sich als grünes Hochtal über der Ortschaft Unken ausbreitet, die als Tor zum Pinzgau gilt. Lange Zeit war der Weg zum Staubfall ein Schmugglerpfad. Zur Überwachung wurden deshalb Grenzsoldaten stationiert. Seit dem Schengener Abkommen hat sich die Kontrolle erübrigt. Heute ist nur noch das Fundament des Grenzhäuschens zu erkennen.

Wie man hinkommt:
Von Ruhpolding auf der B 305 Richtung Süden nach Seegatterl/Reit im Winkl bis zum Parkplatz am Holzknechtmuseum in der Laubau Laubau fahren.

Am Fischbach entlang führt die Wanderung ins österreichische Heutal.

Ruhpolding 54

Familienspaß im Freizeitpark

Was vor knapp 50 Jahren als Märchen-Sägemühle anfing, hat sich zwischenzeitlich zu einem 50 000 Quadratmeter großen Freizeitpark entwickelt. Im weitläufigen Märchenwald kann man Szenen aus den schönsten Märchen bestaunen. Bei unterhaltsamen Aktivitäten wie dem „Biathlon-Duell", der „Mäusejagd" oder dem „Maibaum-Kraxeln" hat die ganze Familie ihren Spaß.

Für Nervenkitzel sorgen der freie Fall aus 18 Metern Höhe in der Höllenrutsche, ein rasanter Drachenritt oder auch eine Fahrt mit der Berg-Achterbahn „Gipfelstürmer".
Im Parkcafé „Tischlein Deck Dich", wo durchgehend warme Gerichte oder hausgemachte Kuchen aufgetischt werden, winkt schließlich eine leckere Stärkung.

Informationen:
Freizeitpark Ruhpolding, Vorderbrand 7, 83324 Ruhpolding, Tel.(Info-Band): 08663 1413,
www.freizeitpark.by
Öffnungszeiten:
Eine Woche vor Ostern bis Anfang November täglich 9 bis 18 Uhr

Actionreich wird es auf der Berg-Achterbahn „Gipfelstürmer".

55 Reit im Winkl

Wie ein grafisches Muster wirkt das Ski- und Wanderparadies Winklmoosalm aus der Luft.

Winklmoosalm – Heimat der „Gold-Rosi"

Rosi Mittermaier, die als „Gold-Rosi" in die Geschichte des alpinen Skisports in Deutschland eingegangen ist, hat ihre Heimat, die drei Quadratkilometer große Winklmoosalm, berühmt gemacht. Wintersportfreunden war die zwischen 1100 und 1800 Meter hoch gelegene Schneewiese allerdings schon lange vorher bekannt. Bereits Ende der 1950er-Jahre kamen beherzte Skifahrer mit einem bescheidenen Sessellift hinauf auf die Alm, um die steilen Hänge des Dürrnbachhorns (1776 Meter) rasant abwärts zu wedeln. Rosi Mittermaier und ihre Schwestern Heidi und Evi haben hier Skifahren gelernt und ihre ersten Schwünge geübt.

Als dann das „Skiparadies Winklmoosalm-Steinplatte" mit Abfahrten diesseits und jenseits der Grenze ausgebaut wurde, setzte der Ansturm von Wochenend-Skifahrern ein. Seither wedeln Anfänger die Hänge auf bayerischer Seite hinunter, während erfahrene Skifahrer die Pisten auf österreichischer Seite unter die Bretter nehmen.

Die mit acht Kilometern längste Abfahrt führt von der Kammerköhrplatte (1874 Meter) bis zum Parkplatz bei Seegatterl an der Deutschen Alpenstraße. Wenn die Skifahrer an sonnigen Wochenenden scharenweise über die Piste wedeln, bietet sich eine Winterwanderung entlang der weitläufigen Hemmersuppenalm als

Reit im Winkl

beschauliche Alternative an. Oder man schnallt die schmalen Bretter an und steigt bei der Hindenburghütte in das bei guten Schneeverhältnissen bis ins Frühjahr gespurte Loipennetz ein.
Der Wanderweg, der streckenweise parallel zur Langlaufspur verläuft, wurde 2010 vom Deutschen Wanderinstitut mit dem Prädikat „Erster Premium Wanderweg Deutschlands" ausgezeichnet.

Regelmäßig wird die sechs Kilometer lange Rundtour im Winter platt gewalzt und damit bequem begehbar gemacht. Eine von Almbauern errichtete Kapelle und einzelne verschneite Hütten säumen den Weg. Das herrliche Bergpanorama ringsum rundet die märchenhafte Winterwelt ab. Ein wahrhaft ausgezeichneter Wanderweg, der das Prädikat ganz sicher verdient hat.

Informationen:
Tourist Information Reit im Winkl, Dorfstraße 38, 83242 Reit im Winkl, Tel.: 08640 80020, www.reitimwinkl.de

Wie man hinkommt:
A 8 München – Salzburg, Ausfahrt Bernau, weiter auf der B 305 Richtung Reit im Winkl und der Beschilderung „Winklmoosalm" nachfahren.

Was es sonst noch gibt:
„Einfach wanderbar": Vor der Haustür des Demelhofes beginnen die zertifizierten Premiumwanderwege „Almgenuss" und „Gletscherblick". Der Demelhofwirt gibt gerne hilfreiche Wandertipps. Darüber hinaus kann man an einer geführten Wanderung teilnehmen. So oder so erhält jeder Gast sein eigenes Tourenbuch. Damit kann er seine eigenen Wunschtouren planen und sich die Reit-im-Winkl-Wandernadel verdienen.
Informationen:
Demelhof, Blindauerstraße 43, 83242 Reit im Winkl, Tel.: 08640 8748, www.demelhof.de

Blick von der Winklmoosalm auf die Steinplatte

Höhenflüge auf dem Gebirgspass

Kletterspaß für Groß und Klein

Wer seine eigenen Grenzen austesten möchte, findet im Kletterwald in Reit im Winkl die besten Voraussetzungen dazu. Die Kletterarena auf dem 793 Meter hohen Maserer Pass ist der höchst gelegene Kletterwald im Chiemgau, der zudem als Erster mit einem doppelten Sicherungssystem ausgestattet ist. Nach kurzer Einweisung und dem Anlegen der Sicherheitsausrüstung kann die Kraxeltour zwischen 200 Jahre alten Bäumen beginnen. Über Hängebrücken oder mit Tarzanseilen hangelt man sich von einem Baum zum anderen. In schwindelnder Höhe auf einem Schwebebalken balancierend spürt man den Nervenkitzel. Mancher Parcours erfordert einigen Mut, bei anderen geht es dagegen eher um Geschicklichkeit. Sucht man die Herausforderung in der Gruppe, werden innerhalb der vier Parcours Aufgaben gestellt, bei denen Teamfähigkeit im Vordergrund steht.

Zum Herantasten empfiehlt sich der niedrige Parcours, der bei sechs Metern beginnt. Die mit 16 Metern bisher höchste Kletteretappe garantiert mit Sicherheit einen Adrenalinschub. Kleine Kletterer können auf einem Niedrigseilparcours zwischen eineinhalb und vier Metern ihren Mut erproben. Bevor sie dann als „Flying Fox" mit Seilrutschen von Baum zu Baum fliegen, sollten sie die einzelnen, bis zu 22 Meter hohen Plattformen erst einmal aus der Froschperspektive betrachten. Schon das wirkt ziemlich beeindruckend.

Informationen:
Tourist Information Reit im Winkl, Dorfstraße 38, 83242 Reit im Winkl
Tel.: 08640 80020, www.reitimwinkl.de
Kletterwald Reit im Winkl, SAYAQ Adventures GmbH, Herr Alexander Kainbacher, Loitshauser Str. 13, 83250 Marquartstein, 08641 6997474, www.sayaq-adventures.com
Öffnungszeiten des Kletterwaldes: April/Mai bis Oktober (je nach Schneelage)

Wie man hinkommt:
Der Kletterwald befindet sich am Maserer Pass. Wenn Sie von Reit im Winkl Richtung Oberwössen fahren, kommen Sie direkt daran vorbei.

Der mühsame Aufstieg wird mit einer herrlichen Aussicht belohnt.

Was sich wanderlustige Frauen im Urlaub wünschen

Hoch hinaus und immer Richtung Gipfelkreuz, das ist nicht Sache der Frauen. Lieber touren sie hier und da abseits der bekannten Wege. Das haben die Wanderführerinnen Annette Heigenhauser und Monika Klauser in ihrer langjährigen Berufspraxis schon oft erlebt. So kam den ehemaligen Skilehrerinnen, die heute auf Schusters Rappen auf die Berge führen, die geniale Idee, auf Frauen zugeschnittene Wandertouren zusammenzustellen. Dabei wechseln sich leichte und bequeme Etappen mit steilen und mühsamen Streckenabschnitten ab. Mal bergauf und dann wieder bergab führen die Routen hier auf die Sonnenseite, dort in den Schatten. Eben wie im richtigen Leben einer Frau. Blumen, Kräuter und Heilpflanzen wie Frauenmantel oder Wundklee, daran gehen Frauen selten achtlos vorbei. All das haben die einfühlsamen Wanderführerinnen bei der Planung ihrer Frauentouren bedacht.

Eine davon führt zur Annakapelle auf der Hemmersuppenalm. Als Mutter der heiligen Maria wird Anna als Heilige der Frauen verehrt. Von Reit im Winkl wandert man etwa zwei Stunden hinauf zur 1260 Meter hoch gelegenen Hindenburghütte. Hier beginnt und endet der vom Deutschen Wanderinstitut ausgezeichnete Premiumwanderweg. Die Anstrengung zu Beginn der Strecke wird mit einem herrlichen Ausblick bis hin zum Chiemsee belohnt. Weiter geht es über die sanft hügelige Almfläche mit vereinzelten Baumgruppen und fernab von jedem Alltagslärm. Zwischendurch eröffnet sich ein weiter Panoramablick über die ge-

genüberliegende Bergkette. Nach einer weiteren mal leicht ansteigenden, dann wieder abfallenden Etappe sind schon die ersten Almhöfe der oberen Hemmersuppenalm in Sicht. Dann geht es durch einen lichten Wald weiter bergauf zur St. Anna Kapelle. Auf dem Rückweg kann man sich in der Hindenburghütte mit bayerischen Almschmankerln stärken.

Sehr beliebt ist auch ein Abstecher zur sagenumwobenen Nattersbergalm. Einst sollen die Sennerinnen hier oben Nattern verehrt haben, weil sie ihnen die Mäuse fernhielten. Eine besonders schöne Sennerin soll den Schlangen sogar regelmäßig Schälchen mit Milch hingestellt haben. Das junge Mädchen war in den Sohn der Herrschaft verliebt. Der erwiderte die Liebe zwar, dennoch schien eine Hochzeit aussichtslos zu sein, weil die arme Sennerin keine Mitgift in die Ehe einbringen konnte. Beständig nährte die gute Seele die schwarzen Nattern mit Milch. Eines Tages kam auch eine weiße Schlange mit einem goldenen Krönchen angekrochen. Zum Ende des Almsommers ließ das Kriechtier zum Dank seine Krone ins Milchschälchen fallen, und die schöne Sennerin konnte ihren Traumprinzen, den herrschaftlichen Sohn heiraten.

Geschichten hören und eigene erzählen, oder auch schweigend die Natur mit allen Sinnen in sich aufnehmen, Wiesen und Wege barfuß laufend spüren, innehalten und den Geräuschen lauschen, für die Brotzeit eine schöne Decke mit Spitzenborte ausbreiten, Leckeres aus der Region genießen, so macht Frauen das Wandern am meisten Spaß. Die Erfahrung haben die beiden Wanderführerinnen gemacht. Auch Maskottchen Paula tappst regelmäßig mit. Ihr Frauchen Annette Heigenhauser freut sich, dass ihre Hündin ein „Weiberl" ist, denn auf der Wanderung wollen die Frauen unter sich sein. Auch beim Hund wird da keine Ausnahme gemacht.

Informationen:
Annette Heigenhauser, Gästehaus Lofer, Schmiedweg 8, 83242 Reit im Winkl, www.gaestehaus-lofertal.de
Alpengasthof Hindenburghütte, Waldbahnstraße 6, 83242 Reit im Winkl, Tel.: 08640 8425 oder 1763, Mobil: 0171 5437923, www.hindenburghuette.de
Berggasthof Nattersbergalm, 83242 Reit im Winkl, Tel.: 08640 8430, www.nattersberg-alm.de

Wie man hinkommt:
Autobahn A8, Ausfahrt Bernau, auf der B 305 weiter über Grassau und Marquartstein nach Reit im Winkl.
Ab Prien am Chiemsee fahren auch RVO-Busse nach Reit im Winkl.
Zwischen Reit im Winkl und der Hindenburghütte verkehrt auch ein Bus (einfache Fahrt für Erwachsene: 4 Euro).

Einkehr in der Hindenburghütte

Schleching 58

Um die Haidenholzalm wird gegrast, drinnen gibt es eine Brotzeit.

Perle des Achentals

Die mit feinstem Rokoko verzierte Remigiuskirche steht zwischen behäbigen Gasthöfen im Zentrum des idyllischen Chiemgau-Dorfes. Um die unverfälschten Bauernhöfe breiten sich sattgrüne Almen aus. Das knapp 2000 Einwohner zählende Dorf gilt mit seinem „Ökomodell Schlechinger Tal" weit über den Chiemgau hinaus als Mustergemeinde. Die Internationale Alpenschutzkommission CIPRA ist voll des Lobes für den gemeinsamen Einsatz der Schlechinger für nachhaltigen Umweltschutz. Nicht der touristische Rummel zählt in dem bodenständigen Ort. „Zu uns kommen Urlauber, um die Ruhe und die Natur zu genießen", betont der Bürgermeister. Mit dieser konsequent verfolgten Öko-Linie liegt das Dorf zwischenzeitlich im Trend. Heimische und saisonale Produkte sind längst selbstverständlich, nicht nur, wenn man sich für einen Ferienaufenthalt auf einem der Bauernhöfe entscheidet. Bei den Urlaubsaktivitäten liegt der Schwerpunkt auf naturverträglichem Wander-Tourismus. Rund um die Gemeinde wurde eine Vielzahl von abwechslungsreichen Wanderwegen, die die Umwelt schonen, erschlossen.

Informationen:
Touristik-Information Schleching, Schulstraße 4, 83259 Schleching, Tel.: 08649 220, www.schleching.de

59 Schleching

Der Hochgern lockt den Bergfex, der von Schleching aus hinaufblickt.

Die Streichenkapelle

In herrlicher Lage thront dieses Juwel mittelalterlicher Baukunst, dessen kompletter Name schon fast in Vergessenheit geraten ist: „Wallfahrtskirche St. Servatius auf dem Streichen" heißt das Gotteshaus, das sich als „Streichenkapelle" einen Namen gemacht hat. 300 Meter über dem Achental liegt das spätgotische, schindelgedeckte Kirchlein auf dem Streichen, einem Bergrücken südlich von Schleching. Der Fußmarsch hinauf zu diesem Kleinod lohnt sich selbst für jene, die mit kunsthistorisch interessanten Bergkapellen sonst wenig im Sinn haben.

Schon der Innenraum mit seinen wertvollen Altären wirkt atemberaubend. Auf dem kleinen Kastenaltar aus der Zeit um 1400 ist der Namensgeber der Kapelle, der heilige Servatius, verewigt. Auf den kostbaren Wandmalereien aus derselben Zeit erkennt man den heiligen Servatius neben dem heiligen Christopherus und dem heiligen Wolfgang.

Dem erhebenden Gefühl, das die überschwängliche Ausstattung im Innern der Kapelle auslöst, entspricht ihre wunderbare, einzigartige Lage: Irgendwo zwischen Himmel und Erde, einsam und scheinbar weit weg von allem Alltäglichen. Begnadet gibt sich auch die Aussicht: Der Geigelstein und die Kampenwand, der Hochgern und, fast schon zum Greifen nah, die zackige Felsensilhouette des Wilden Kaisers. Der Streichen ist wahrlich ein

Schleching 59

Ort, wie man ihn selbst im Chiemgau nur selten findet. Wer von Schleching aus zu Fuß heraufwandert, sollte etwa zwei Stunden einplanen. Mit dem Auto kann man bis zu einem Parkplatz hinauffahren, von dem sich der Fußweg auf etwa 20 Minuten reduziert.

Informationen:
St. Servatius Streichenkirche, Streichen 1, 83259 Schleching
Öffnungszeiten:
Die Kirche ist in der Regel immer tagsüber bis zum Gitter geöffnet. Während der regelmäßigen Gottesdienste oder gelegentlichen Konzerten kann man die Kunstwerke aus der Nähe betrachten.

Wie man hinkommt:
Die B 307 aus nördlicher Richtung führt durch Schleching und den Ortsteil Ettenhausen. Danach zweigt die Straße links ab Richtung Streichen. Über knapp zwei Kilometer führt eine schmale Straße durch den Wald bis hinauf zum Parkplatz.

Was es sonst noch gibt:
Der Berggasthof Streichen liegt an einem der malerischsten Plätze im Chiemgau. Hier bekommt man nicht nur bodenständig-schmackhafte Mahlzeiten. Man kann hier oben auf 810 Metern Höhe auch übernachten und noch am späteren Abend oder am frühen Morgen die herrliche Aussicht auf das Achental und auf den Geigelstein genießen, der wegen seiner Pflanzenpracht unter Naturschutz steht.
Informationen: Berggasthof Streichen, Streichen 1, 83259 Schleching, Tel.: 08649 265

„Wallfahrtskirche St. Servatius auf dem Streichen" ist der offizielle Name der Streichenkapelle.

Schleching

Der Geigelstein wurde zum Naturschutzgebiet erklärt.

Im Schatten zwischen König und Kaiser

Neben den Glanzlichtern im Chiemgau führt Schleching eher ein Schattendasein. Dennoch überrascht der Luftkurort mit einigen Geheimtipps. Einer davon ist sicher der Ort selbst, der sich auf 570 Metern Höhe im oberen Achental ausbreitet. Dort, wo die Tiroler Achen nach dem eindrucksvollen canyonartigen Durchbruch am Klobenstein („Entenlochklamm") bayerisches Gebiet erreicht, liegt das Schlechinger Talbecken. Von allen Seiten ragen mächtige Berge auf: Von den nördlichen Kalkalpen, die sich zwischen 1400 und 1800 Metern erheben, über die Wettersteinkalkwände der Kampenwand im Norden und Rudersberg, Rauhe und Gscheuererwand im Südosten bis hin zum Massiv des Geigelstein und des Breitenstein im Westen. Sie alle versorgen das Tal mit reiner Luft und schirmen Schleching, das von sattgrünen Wiesen und leuchtend gelben Feldern umgeben ist, vor Nebel ab. So kann die Sonne intensiv auf das Achental strahlen und für ein gemäßigtes Hochgebirgsklima sorgen.

Vor knapp 25 Jahren wurde der Geigelstein, der „Blumenberg des Chiemgaus" mit seiner weitreichenden Umgebung zum Naturschutzgebiet erklärt. In den weiten Ebenen und an den langsam ansteigenden Höhen bis hin zu den Hochalmen bieten sich Wandertouren für jeden Geschmack an. Vom Frühjahr

Schleching 60

bis zum Herbst kann man auf etwa 150 markierten Wegen beschauliche Wanderungen oder anspruchsvolle Bergtouren unternehmen. Gemütliche Almhütten laden unterwegs zur Rast ein.

Wer im Frühjahr auf Schusters Rappen unterwegs ist, erlebt oft noch vor der schneebedeckten Gebirgskulisse eine Blütenpracht aus Krokussen, Bergaurikeln, Trollblumen und etlichen Orchideenarten. Für Kanuten ist das rasant fließende Wasser der Tiroler Achen eine echte Herausforderung. Noch abenteuerlicher ist eine Wildwasser-Schlauchbootfahrt mit einem einheimischen Bootsführer durch die reißende Entenlochklamm. Wer es beschaulicher mag, geht auf eine Blumen- und Heilkräuterführung und erfährt dabei Wissenswertes rund um die alpine Vegetation.

Das Radwegenetz, das durch das liebliche Achental von der Tiroler Grenze bis zur Mündung der Tiroler Achen in den Chiemsee führt, bietet sich auch für Familienausflüge an.

Informationen:
Touristik-Information Schleching, Schulstraße 4, 83259 Schleching, Tel.: 08649 220, www.schleching.de

Eine Kajaktour auf der Tiroler Achen ist ein abenteuerliches Vergnügen.

61 Schleching

Wallfahrtskirche Maria Klobenstein

Hängebrücke über der Tiroler Achen

Von jeher haben Herrscher wenig Einfühlungsvermögen gezeigt, wenn es um Gebietsansprüche zu ihren Gunsten ging. Kaiser Maximilian I. etwa hat sich vor über 500 Jahren zwei Drittel der bis dahin bayerischen Tiroler Achen kurzerhand unter den Nagel gerissen. Seitdem fließt das Gewässer vom Pass Thurn in den Kitzbühler Alpen bis zum Klobenstein durch Österreich, bevor es ins Schlechinger Tal und damit auf bayerischem Terrain seinen Lauf nimmt. Dabei muss die Tiroler Achen die steile, enge Entenlochklamm zwischen Rudersberg und Rauher Nadel passieren, was ein höchst eindrucksvolles Naturschauspiel zur Folge hat. Stromschnellen und wilde Wasserwirbel zwängen sich durch die enge Klamm, die der Fluss auf seinem Weg von den Bergen in Richtung Chiemsee passieren muss. Dabei hat er immer wieder Äste und Wurzeln bis hin zu Baumstämmen mitgerissen. Die blieben an den Felswänden hängen und versperrten den ohnehin engen Durchfluss. Durch eine Sprengung wurde schließlich Abhilfe geschaffen. Der Name „Entenklamm", der dem Schlupfloch schon verpasst worden war, als es noch so eng war, dass gerade eine Ente durchschwimmen konnte, blieb indessen erhalten.

Während Kanufahrer tief unten den Kick des gischtenden Wildwassers

Schleching

Die schwankende Hängebrücke führt in schwindelnder Höhe über die Tiroler Achen.

hautnah spüren, können Wanderer die dramatische Schönheit des Canyons mit seinen vor- und zurückspringenden Felsen von oben bewundern. Und auch das mit einem besonderen Kick, denn die Hängebrücke, zu der man über den Schmugglerweg ab Schleching gelangt, schwankt beträchtlich.

Die „zerklobenen" Felsen erweckten einst allerlei Wunderfantasien in abergläubischen Menschen. Nicht selten glaubten Notleidende, ihnen sei hier die Madonna zwischen den von ihr sanft auseinander geschobenen Steinblöcken erschienen. Also errichtete man genau an der Grenze eine Waldkapelle, in der ein Gnadenbild aufbewahrt wurde. Das war allerdings regelmäßig verschwunden, was weniger mit einem Wunder zu tun hatte, als vielmehr mit den Streitigkeiten zwischen den Bayern und Tirolern um das „Wunderthätige Bildnis". Erst die neu erbaute, solide Klobensteinkapelle setzte dem Spuk ein Ende.

Wie man hinkommt:
Autobahn A8 München – Salzburg, Ausfahrt Bernau, über Grassau-Marquartstein-Unterwössen nach Schleching-Ettenhausen. Parkmöglichkeiten gibt es auf dem Parkplatz der Geigelsteinbahn, von dort folgt man den Wegweisern zum Klobenstein.
Bei der Klobensteinkapelle befindet sich auch ein Gasthaus.

Burg Marquartstein thront auf einem bewaldeten Bergkegel.

Richard Strauss und der Hofwirth

Wenn die Holzfuhrwerke früher von der Burg auf dem Kogel hinunterfuhren und vor dem Wirtshaus in der Dorfstraße die Bremsen anzogen, schreckte das ohrenbetäubende Gequietsche manchen Hausgast auf. Einer davon war Richard Strauss, der regelmäßig zur Sommerfrische in den „klimatischen Luftkurort" kam, wo er einige seiner wichtigen Werke wie die „Salome" komponierte. Nachdem der Musiker die Münchner Gesangsschülerin Pauline in der Marquartsteiner Burgkapelle Sankt Veit geheiratet hatte, gab er sein Quartier beim Hofwirth auf und siedelte um ins nahe gelegene Landhaus des Schwiegervaters, Generalmajor Adolph de Ahna. In ihrem Haus Nr. 17 feierte die Familie viele Feste und gleichgesinnte Freunde wie die Maler Julius Exter oder Franz von Stuck kamen in das schöne Gebirgsdorf, um sich wie Strauss von der Achental-Landschaft inspirieren zu lassen.

Das ist Vergangenheit, doch für eine Einkehr in den Hofwirth lohnt sich ein Ausflug nach Alt-Marquartstein heute noch. Ebenso wie die Burg wurde die Wirtschaft bereits im 11. Jahrhundert erwähnt. Sie ist damit das wohl älteste Gebäude in der Ortschaft. Im 18. Jahrhundert wurde das Gasthaus wegen schwerer Hochwasserschäden allerdings mit größerem Abstand zur Achen neu errichtet. Über Jahrhunderte war der Hofwirth Mittelpunkt des Marquartsteiner Dorflebens. Neben Gastwirtschaft und Ausspannort für die Pferde der Kaufleute beherbergte der Hofwirth auch eine Art Dorfgericht. Hier wurde Recht gesprochen, Steuern wurden eingetrieben und Amtsgeschäfte getätigt.

Marquartstein 62

Dann versank der Hofwirth in die Bedeutungslosigkeit, bis Mitte des 19. Jahrhunderts die neu eröffnete Eisenbahnlinie Übersee-Marquartstein einen Ansturm von Sommerfrischlern auslöste.

Nach behutsamer Restaurierung wurde das Gasthaus 1998 neu eröffnet. Seitdem kann man in den behaglichen Gaststuben oder im gemütlichen Biergarten schmackhafte bayerische, österreichische und mediterrane Gerichte genießen.

Schneckenrennen im Märchen-Erlebnispark

Informationen:
Hofwirth Zur Post, Alte Dorfstraße 5, 83250 Marquartstein, Tel.: 08641 698000
Öffnungszeiten:
Montag bis Sonntag 11 bis 14 Uhr und 17 bis 22 Uhr, Mittwoch geschlossen, Donnerstag durchgehend geöffnet

Wie man hinkommt:
Autobahn A8 München – Salzburg, Ausfahrt Bernau, den Hinweisschildern Grassau-Marquartstein folgen. In der Ortsmitte in Marquartstein links abbiegen. Das Gasthaus befindet sich direkt an der Brücke über die Tiroler Achen.

Was es sonst noch gibt:
Staunen, entdecken, erleben heißt es im Märchen-Erlebnispark in Marquartstein. Vom Abenteuerspielplatz über die Sommer-Rodelbahn bis zum Kinder-Bauhof, von der Liegewiese bis zum Grillplatz mit Picknickhütte: Die Möglichkeiten zwischen spaßigen Aktivitäten und entspannender Erholung sind vielfältig.
Informationen:
Märchen-Erlebnispark Marquartstein, Jägerweg 14, 83250 Marquartstein, Tel.: 08641 7105, www.maerchenpark.de
Öffnungszeiten: Eine Woche vor Ostern bis November von 9 bis 18 Uhr

63 Marquartstein

Mit der Hochplattenbahn geht es ganz gemütlich Richtung Erlebniswelt.

Mit der Hochplattenbahn in die Bergerlebniswelt schweben

Der erlebnisreiche Familienausflug ins Hochplattengebiet zu Füßen von Marquartstein beginnt im Ortsteil Niedernfels. Die erste Etappe wird dabei ganz bequem mit der Hochplatten-Doppelsesselbahn zurückgelegt. An der Bergstation auf 1080 Metern Höhe startet der Bergerlebnisweg Staffen mit einer Übersichtstafel der 20 Stationen, die zum Spielen und Erforschen, zum Ausruhen und Genießen einladen.

Während sich die kleinen Wanderer in den Spielhütten oder auf der Drachenfliegerschaukel austoben können, laden Hänge- und Ruhebänke oder Gleichgewichtsliegen zum Entspannen ein. Der Forschergeist wird an der Geologie- und Waldbewirtschaftungsstation angesprochen. Nach dem Kräftemessen beim Baumstammheben naht der Relaxhügel zum Ausruhen. Dazwischen kann man immer wieder die herrliche Aussicht auf das wildromantische Achental, den malerischen Chiemsee oder zur Kampen- und Gedererwand genießen. Für den 4,25 Kilometer langen, bequemen Wanderweg sollte man etwa zwei Stunden einplanen.

Informationen:
Hochplattenbahn, Schloßstraße 46, 83250 Marquartstein-Niedernfels, Tel.: 08641 7216,
www.hochplattenbahn.de
Tourist-Information Marquartstein, Rathausplatz 1, 83250 Marquartstein, Tel.: 08641 699558,
www.marquartstein.de

Am Eingang des Achentals wird man von der Marktgemeinde Grassau begrüßt.

Salz und Moor im Museum Klaushäusl

Salz, Salinen und Moor haben im Chiemgau einst eine große Rolle gespielt. In einigen Kurorten stehen Mooranwendungen nach wie vor im Zentrum jeder Behandlung, und entlang der ehemaligen Soleleitungen führen heute schöne Wanderwege. Aber wo genau kommen das Moor und das Salz her und was hat es mit den Soleleitungen auf sich? Antworten auf alle Fragen rund um die beiden Naturelemente gibt das Salz- und Moormuseum am Rande des Naturschutzgebietes Kendlmühlfilze bei Grassau. Es residiert im Klaushäusl, der einzigen noch erhaltenen Pumpstation an der historischen Soleleitung nach Rosenheim, und informiert auf vielfältige Weise über Salz und Moor.

Die erste Salzpipeline der Welt führte schon im 19. Jahrhundert von Reichenhall ins oberbayerische Alpenvorland und beförderte gelöstes Kochsalz, also Sole. Die wurde seit Jahrhunderten in den Reichenhaller Bergen gefördert und zunächst in den Salinen der Stadt in breite Pfannen gegossen. Über loderndem Feuer verdampfte dann das Wasser. Übrig blieb das Salz.

Es dauerte allerdings nicht lange, bis die Wälder um Bad Reichenhall gelichtet waren und das Holz zum Feuern langsam ausging. Deshalb entstanden zunächst auch im reich von Wald umgebenen Traunstein und später dann in Rosenheim Salinen. Hier konnte neben Holz auch Torf als Brennmaterial zum Einsatz kommen. Wie aber sollte die Sole trans-

121

portiert werden? Wie so oft macht Not erfinderisch. So entstanden die Soleleitungen mit Hilfe ausgehöhlter Tannenstämme. Eine weitere Erfindung war nötig, damit die Sole in der Pipeline auch die Steigungen auf dem Transportweg zwischen Reichenhall und Rosenheim überwinden konnte. Es mussten spezielle Pumpen konstruiert und gebaut werden, die nur durch die Kraft des Wassers angetrieben werden konnten. Elektrische Energie stand damals noch nicht zur Verfügung. Die Pumpe des Klaushäusls etwa wurde durch eine sogenannte „Wassersäulenmaschine" angetrieben und konnte täglich bis zu 300 Kubikmeter Sole durch die Pipeline pumpen. Ein weiteres Industriedenkmal beeindruckt im nahe gelegenen Rottau. Der dortige Torfbahnhof liegt ebenfalls am Rande der Kendlmühlfilzen.

Der Torfbahnhof Rottau ist seit 1989 zur Besichtigung geöffnet.

Informationen:
Museum Salz & Moor, Klaushäusl 11, 83224 Grassau, Tel.: 08641 5467
Öffnungszeiten:
Mai bis Mitte Oktober Dienstag bis Sonntag 11 bis 17 Uhr
Touristinformation Grassau, Kirchplatz 3, 83224 Grassau, Tel.: 08641 697960, www.grassau.de
Bayerisches Moor- und Torfmuseum Rottau, Ende der Hackenstraße, 83224 Rottau,
Tel.: 08051 9674701, www.torfbahnhof-rottau.de

Wie man hinkommt:
Das Salz- und Moormuseum Klaushäusl liegt zwischen Grassau und Rottau an der B 305. Auf der B 305 durch Grassau fahren, einen Kilometer hinter der Ortschaft liegt das Museum direkt an der Straße.

Was es sonst noch gibt:
Gegenüber vom Museum Klaushäusl gibt es einen Moorerlebnispfad, der über 800 Meter durch die raue, schöne und stille Kendlmühlfilze führt. Anschließend kann man sich Kaffee und Kuchen im Museumscafé schmecken lassen.

Die Einkehr in die Rachlalm erfrischt den müden Wanderer.

Von Alm zu Alm wandern

Eine Wanderung durch saftige Wiesen und dichte Wälder von Alm zu Alm ist pure Erholung für den Genusswanderer, der mit allen Sinnen unterwegs ist. Der aromatische Tannenduft wie auch das Plätschern des munteren Gebirgsbaches öffnet die Sinne beim Aufstieg zur Staffnalm. Auf der Hefneralm kann man in gemütlicher Atmosphäre einen leckeren Kaiserschmarrn genießen, während das gleichmäßige Läuten der Kuhglocken die Beschaulichkeit unterstreicht. Das Geläut ist ständiger Begleiter auf der Almwanderung. Ab und zu hält man inne und lässt den Blick über den Chiemsee schweifen. Beim Aufstieg zur Rachlalm dringt ein leichtes Wasserrauschen kleinerer Wasserfälle durch, und beim Abstieg lockt noch eine Erfrischung auf der Moieralm. Das ist Almgenuss pur vor den Toren von Grassau. Vom Kirchplatz im Dorf geht es zunächst Richtung Rottau. Dann folgt man dem „Weg 47" durch Oberdorf und

65 Grassau

dann immer Richtung Grassauer Almen. Über Wiesen geht es zum Waldrand und durch den Wald bergauf. Dann folgt ein Pfad, der etwas steiler den Berg hinauf und bis zum ersten Chiemsee-Aussichtspunkt führt.

Weiter geht es über Steine und Wurzeln bergauf, bis der Pfad auf einen breiten Forstweg trifft. Dann sind die ersten Almwiesen erreicht. An der nächsten Wegkreuzung hält man sich links, passiert eine Holzscheune und wandert weiter bergauf bis die Rachlalm in Sicht ist. Hier lädt Sennerin Maria zu einer Jause ein. Weiter geht es über eine Wiese, dann steil bergauf. Kurz vor der Bergstation des Sessellifts eröffnet sich ein traumhafter Blick auf das Bayerische Meer und die Insel Herrenchiemsee. Der schweißtreibende Aufstieg hat sich gelohnt. Hier kann man auf Liegestühlen tief durchatmen und ein bisschen träumen. Doch dann lockt eine Einkehr in die Staffnalm, die sich als ausgewachsenes Berggasthaus entpuppt. Nach der Stärkung geht es Richtung Hochplatte/Staffnrundweg weiter. Die Kühe haben sich zur Mittagsruhe niedergelassen und käuen stoisch ihre Mahlzeit wieder.

Danach geht es zunächst durch einen schattigen Wald wieder talwärts und am Rand einer Almwiese entlang weiter Richtung Grassau/Rottau. Hier verlässt man den Staffnalm-Rundwanderweg und marschiert weiter bergab, bis eine Abzweigung entweder zur Moieralm oder zur Hefteralm leitet. Die Moieralm wird über einen breiten Weg erreicht. Auch hier lädt ein Almgasthof zur Einkehr ein. Anschließend geht es weiter bergab zur letzten Alm auf der Almen-Rundwanderung und zurück nach Grassau. Auf der letzten Etappe liegt das Bergbadstüberl als Einkehrmöglichkeit am Weg. Die Straße „Im Bichl" führt dann zur B305, von der ein Fußweg in Richtung Ortsmitte Grassau abzweigt.

Für die knapp 14 Kilometer-Tour sollte man 4,5 bis 5 Stunden einplanen.

Start und Ziel ist die Touristinfo an der Kirche in Grassau.

Tourtipp: Wer 700 Meter Aufstieg sparen möchte, nimmt den Sessellift zur Staffnalm. Von Grassau/Oberdorf läuft man etwa zwei Kilometer zur Hochplattenbahn. Betriebszeiten des Sessellifts: 9 bis 17 Uhr.

Informationen:
Touristinformation Grassau, Kirchplatz 3, 83224 Grassau, Tel.: 08641 69796-0, www.grassau.de

Wie man hinkommt:
Autobahn A8 München – Salzburg, Ausfahrt Grabenstätt und Richtung Übersee, Grassau fahren.
Öffentliche Verkehrsmittel: Ab Bahnhof Prien mit dem Bus 9505 nach Grassau fahren.
www.bahn.de

Übersee am Chiemsee 66

Sanft breiten sich die letzten Sonnenstrahlen über die Gemeinde Übersee.

Heiße Rhythmen beim Chiemsee Summer

Mit Chiemsee Reggae hat das Spektakel vor über zwei Jahrzehnten angefangen. Vor der Traumkulisse der Landschaft zwischen dem Bayerischen Meer und den Chiemgauer Bergen ertönen jedes Jahr im August heiße Rhythmen von mehreren Bühnen. Daran hat sich nichts geändert, außer dass das sommerliche Festival in Übersee mit dem 20. Jubiläum in „Chiemsee Summer" umgetauft wurde.

Allein auf Reggae ist das klangvolle Fest längst nicht mehr beschränkt. Seit den Anfängen erweitern jedes Jahr neue Rhythmen das musikalische Spektrum. Neben dem Sound von Reggae und Rock, Jazz und Blues wird mittlerweile auch volkstümliche Musik gespielt: Das Festival wird nämlich durch die Blaskapelle Übersee eröffnet. Nachdem die heimatlichen Klänge mit Pauken und Trompeten von der Bühne geschmettert worden sind, gehen Punkrocker on Stage und lassen ihren harten Sound aus den Lautsprechern dröhnen. Auch die fetzigen Chiemgauer Kultbarden LaBrassBanda heizen mit ihrer eigenwilligen Volksmusik dem Publikum ordentlich ein.

66 Übersee am Chiemsee

Das insgesamt fünf Tage dauernde Festival hat sich inzwischen so etabliert, dass auch das Drumherum deutlich ausgeweitet wurde. 15 neue „Almhütten" etwa bieten den in der Mehrzahl jungen Fans mehr Wohnkomfort. Auch Campern wurde mehr Platz eingeräumt. Damit die Selbstversorgung besser klappt, sind zur Chiemsee-Summer-Festival-Zeit auch am Sonntag die Läden geöffnet (12 bis 17 Uhr). Für Grill-Fans bietet die örtliche Metzgerei ihre frischen Waren direkt vor Ort an. Die Festival-Besucher können sich aber auch im Biergarten auf dem Gelände stärken. Außerdem bietet die Gastro-Zeile internationale Köstlichkeiten. Der Einkaufsspaß kommt ebenfalls nicht zu kurz – dafür sorgt das breite Angebot des Bazars.

Informationen:
Tourist-Information Übersee, Feldwieser Straße 27, 83236 Übersee, Tel.: 08642 295, www.uebersee.com oder www.chiemsee-summer.de

Beim Chiemsee Summer sorgen heiße Rhythmen für Stimmung.

Das Künstlerhaus Exter

Farbenprächtige Blumen umgeben das Künstlerhaus.

Der Maler Julius Exter, der sich als ausdrucksstarker „Farbenfürst" einen Namen gemacht hat, war Mitbegründer der Münchner Secession. Die avantgardistische Künstlergruppe kehrte dem historischen Stil der Prinzregentenzeit den Rücken und schloss sich den wegweisenden Strömungen der europäischen Expressionisten an. Damit hatte sich auch im Süden Deutschlands die Moderne in der Malerei etabliert.

Neben den farbenfrohen Landschaften, die Exter auf die Leinwand zauberte, befasste sich der Maler immer wieder mit religiöser Kunst. Auch in der christlichen Malerei setzte der Avantgardist damit während der vorletzten Jahrhundertwende Zeichen.

Ab 1917 lebte Julius Exter in einem Bauernhaus in Übersee, das er zu einem geräumigen Atelier umgebaut hatte. Heute kann man die Werke des Künstlers an dem Ort ihrer Entstehung auf sich wirken lassen. In Wechselausstellungen wird das umfangreiche Schaffen von Julius Exter neben Gemälden anderer Künstler gezeigt. Der bunte Blumengarten, der das Exter-Haus umgibt, diente dem Genie der Farben sicherlich als Anregung für seine farbenprächtigen Bildkompositionen.

Informationen:
Künstlerhaus Exter mit Garten in Übersee am Chiemsee, Blumenweg 5, 83236 Übersee-Feldwies, Tel.: 08642 895083
Öffnungszeiten: Frühjahr bis Herbst 17 bis 19 Uhr – nur bei Ausstellungen und nach Vereinbarung, Sonderführungen möglich, montags geschlossen

Was es sonst noch gibt:
Im Garten des „Chiemgauhofes" wird abends das Lagerfeuer entfacht. Mit einem eisgekühlten Sundowner in der Hand oder in Felldecken gehüllt einen Glühwein schlürfend und dabei auf das Bayerische Meer oder die nahen Berge blickend, das ist Romantik pur. Am Südostufer des Chiemsees liegt das urige Hotel, das mit viel Liebe zum Detail eingerichtet ist. Informationen: Chiemgauhof, Julius-Exter-Promenade 21, 83236 Übersee, Tel.: 08642 89870, www.chiemgauhof.com

68 Bernau am Chiemsee

Über dem Chiemsee erheben sich die markanten Felszinnen der Kampenwand.

Der Alte Wirt und der Kaiser

Die Lüftlmalerei auf der Fassade des traditionsreichen Gasthauses Alter Wirt erzählt davon, dass Kaiser Maximilian im Herbst 1504 während seines Feldzugs im Landshuter Erbfolgekrieg hier übernachtet hat. Das liegt lange zurück. Noch länger liegt die erste urkundliche Erwähnung des Alten Wirtes zurück, die auf das Jahr 925 datiert ist. Obwohl das ursprüngliche Gemäuer nicht das Originale ist, nennt sich der Gasthof mit Fug und Recht „Alter Wirt".

Seit knapp 100 Jahren ist das Anwesen im Besitz der Familie Stolz. Kurz nach Übernahme des Traditionshauses hat die Familie das sogenannte Bonn-Schlösschen erworben, die einstige kleine Burg von Bernau, und sie als Gästehaus eingerichtet. Auch eine Metzgerei ist der Wirtschaft angeschlossen. Fleischgerichte der traditionellen bayerischen Küche stehen an erster Stelle auf der Speisekarte. Einen hohen Stellenwert genießt auch die Geselligkeit beim Alten Wirt. Die Einheimischen treffen sich zum Schafkopfen am Stammtisch, während die Ortsvereine und die örtlichen Musikanten auf eine Brotzeit in die gemütliche Gaststube kommen.

Mit seinen Ortsteilen Felden, Irschen und Eichet breitet sich der Luftkurort Bernau über einen Hügel bis hinunter zum See aus. In einer halben Stunde erreicht man das von Birken gesäumte Seeufer zu Fuß und in einer Stunde die der Kampenwand vorgelagerte Seiseralm. Die hat allerdings nichts mit der Hochalm in den Südtiroler Dolomiten zu tun, sondern gehört zur

Bernau am Chiemsee 68

Gastronomie des Bernauer Wirtes Seiser. Das beliebte Ausflugsziel liegt auf einer Anhöhe in den vorgelagerten Bergen des Kampenwandmassivs und bietet von der Restaurant-Terrasse aus einen herrlichen Blick über den Chiemsee. Wer den Fußweg scheut, erreicht das Gasthaus auch mit dem Auto.

Für zünftige Wanderer beginnt das eigentliche Wandergebiet ohnehin erst in Hintergschwendt südlich der Seiseralm. Von hier aus geht es zum niedrigen, aber aussichtsreichen Erlbergkopf, der gratreichen Gedererwand, zum Ostgipfel der Kampenwand oder zur Hochplatte hinauf.

Informationen:
Tourist-Info Bernau am Chiemsee, Aschauer Straße 10, 83233 Bernau am Chiemsee,
Tel.: 08051 9868-0, www.bernau-am-chiemsee.de
Hotel Gasthof Alter Wirt, Kirchplatz 9, 83233 Bernau am Chiemsee, Tel.: 08051 9656990,
www.alter-wirt-bernau.de
Seiseralm & Seiserhof, Reit 4-5, 83233 Bernau am Chiemsee, Tel.: 08051 989-0, www.seiserhof.de

Wie man hinkommt:
Autobahn A8 München – Salzburg, Ausfahrt Bernau

Was es sonst noch gibt:
Im Bernauer Kurpark erfahren Hobby-Wünschelrutengänger einiges über die Radiästhesie, wenn sie mit Expertin Ursula Reusch durch die Anlage mit ihrem schönen Baumbestand, einem Bachlauf und dem Lehrpfad spazieren. Der Pfad auf den Spuren der Lehre von der Fähigkeit, Erdenergien zu erspüren, führt zu verschiedenen Kraftplätzen, einer Energie-Doppelpyramide wie auch zu einem Sommersonnenwendpunkt.
Individuelle Führungen: Tel.: 08052 9540911

Der Alte Wirt vor der Kirche St. Laurentius

Wildenwart

Auf Schloss Wildenwart residieren noch heute die Wittelsbacher.

Zuflucht des letzten bayerischen Königs

Als einst das „Aschauer Bockerl" als Dampflokomotive zwischen Prien und Niederaschau verkehrte, konnten Pendler und Ferienausflügler mit dem nostalgisch pfeifenden Bähnchen von dem belebten Chiemsee-Hafenstädtchen über die lieblichen Moränenhügel ins ruhige Priental rattern. Man machte etwa im malerisch gelegenen Urschalling Zwischenstation und wanderte auf bequemen Wegen zum Landschaftsschutzgebiet um den Bärnsee oder zum Weiler Höhenberg, wo sich schon die Kelten angesiedelt hatten. In der einstigen Wallfahrtskirche aus spätgotischer Zeit begegnete man dem „Meister von Rabenden" wieder, der hier mit zwei geschnitzten Schreinaltären verewigt ist.

König Ludwig III. reiste immer mit dem Zug an, wenn er in seine Sommerresidenz auf Schloss Wildenwart wollte. Als der „Millibauer", wie das Volk den unbeliebten Monarchen wegen seiner Liebe zur Landwirtschaft nannte, in den ersten Novembertagen 1918 vor der roten Volksbewegung der Münchner Räterepublik fliehen musste, steuerten er und seine Familie den herrschaftlichen Sommersitz jedoch mit dem Auto an.

Der letzte bayerische König liegt auf dem etwas abseits gelegenen Hügelfriedhof neben Frau und Tochter begraben. Bis 1977 war Tochter Helmtrud Schlossherrin auf dem vierflügeligen, zwiebelbetürmten Landschloss Wildenwart, das wie

Wildenwart

ein Sporn über dem Priental thront. Fast übersieht man den gelbweiß verputzten, barocken Bau, der sich wie ein Dornröschenschloss hinter einem Graben und einer Brücke an der dicht vorbeiführenden Straße Prien-Frasdorf versteckt. Das Schloss ist aber ohnehin heute wie damals fürs Volk nicht zugänglich, denn drinnen residiert mit Herzog Max in Bayern noch immer ein Wittelsbacher.

Die nahe Schlosswirtschaft steht dafür jedermann offen. In der schönen Wirtsstube, die mit alten Schützenscheiben dekoriert ist, wird bodenständig bayerisch und nach Saison gekocht. Zum Herzoglich Bayerischen Bier vom Tegernseer Brauhaus kommt hier viel Fisch und Wild auf den Tisch. Wer danach noch Appetit verspürt, sollte sich den leckeren Apfel-Kaiserschmarrn nicht entgehen lassen.

Der Biergarten der Schlosswirtschaft Wildenwart

Informationen:
Schlosswirtschaft Wildenwart, Ludwigstraße 8, 83112 Frasdorf, Tel.: 08051 2756
www.schlosswirtschaft-wildenwart.de
Warme Küche: Mittwoch bis Sonntag 11.30 bis 14 Uhr, 17.30 bis 21 Uhr, Montag und Dienstag Ruhetag

Wie man hinkommt:
Autobahn A8 München – Salzburg, Ausfahrt Frasdorf, an der Ausfahrt rechts Richtung Prien und Wildenwart fahren.

Was es sonst noch gibt:
Einen Naturfelsen zu finden, von dem man auch noch behördlich genehmigt springen darf, ist fast unmöglich. In der Nähe von Aschau gibt es so eine seltene Stelle zum Baden und ins Wasser springen. Bis zu sechs Meter geht es abwärts in den klaren Weißenbach, einem Zufluss der Prien zwischen Aschau und Sachrang.

Frasdorf

Zwischen Chiemsee und Simssee

Herrliche Aussicht auf den hier märchenhaften Simssee

Zu Füßen des Samerberges und nur acht Kilometer entfernt von Chiemsee und Simssee liegt Frasdorf. Deshalb hat sich das ländliche Idyll inmitten von Wiesen, Wäldern und Almen den Slogan „Ferien zwischen Seen und Bergen" auf die Fahne geschrieben. Tatsächlich ist Frasdorf zu jeder Jahreszeit ein guter Ausgangspunkt für abwechslungsreiche Aktivitäten. Während die Seen im Sommer zum Baden einladen, sind die nahe Hochries und die Kampenwand im Winter ein Tummelplatz für Brettlfans. Frühjahr und Herbst bieten sich für Wanderungen und Radtouren an.

Ein Wanderziel in nächster Nähe führt zur „Frasdorfer Rupertusquelle" im Ortsteil Lederstube. Dort kann man für kleines Geld im Brunnenhäuschen das frische Quellwasser abfüllen, dem eine heilende Wirkung nachgesagt wird. Der Legende nach soll ein zwölfjähriges Mädchen nach dem Genuss des Quellwassers wieder Kraft geschöpft und sich von einer schweren Masernerkrankung erholt haben, so dass sie die nächsten fünfzig Jahre bis zu ihrem Tod nur noch von Wasser und Gebet lebte. Die Münchner Mediziner, die die Ländlerin fünf Wochen lang beobachteten, konnten keine Erklärung für das „Wunder" finden. Bis heute ist das Rätsel um die „Wassertrinkerin" ungelöst. Bleibt also nur, das Wasser aus der Rupertusquelle selbst zu probieren.

Informationen:
Tourist-Info Frasdorf, Hauptstraße 32, 83112 Frasdorf, Tel.: 08052 179625, www.frasdorf.de

Wie man hinkommt:
Autobahn A8 München – Salzburg, Ausfahrt Frasdorf, durch den Ort fahren und am Ende links abbiegen und dem Hinweisschild Lederstube folgen.

Im Irmgärtchen lässt sich die Gemüsekiste reich befüllen.

Irmgard im Irmgärtchen

Die schützenden Chiemgauer Berge halten die rauen Winde fern von den Obstwiesen und Gemüsefeldern um Frasdorf. Auch die Sonne scheint über den sanften Hügeln des Alpenvorlandes länger als anderswo. Kein Wunder also, dass die Baum- und Feldfrüchte hier so üppig wachsen und gedeihen. Das hat Irmgard Auer vor zehn Jahren dazu bewogen, hier einen Naturland-Gemüsegarten anzulegen. In Anlehnung an ihren Vornamen nannte die ehemalige Büroangestellte den biologischen Gemüsegarten „Irmgärtchen". Doch die Verniedlichung ist irreführend, denn die Gärtnerei besteht aus einer Fläche von 7000 m² im Freiland und zusätzlich 1200 m² in Gewächshäusern. Bei sämtlichen Gemüsesorten, die Irmgard Auer mit selbst gezogenen Jungpflanzen anbaut, ist Qualität oberstes Gebot. Statt mit Pflanzengift werden die Schädlinge und Krankheiten mit Nützlingen, Pflanzenstärkungsmitteln und einer liebevollen Pflege bekämpft. Dass das nicht nur den Menschen, sondern auch dem Boden und damit der Umwelt gut bekommt, davon ist die Gemüsegärtnerin überzeugt. Sie bietet ihre Erzeugnisse im eigenen Hofladen und auf dem Prien Wochenmarkt an. Auch Gastronomiebetriebe und Bioläden werden von ihr beliefert. In ihrem Hofladen sind die Erträge der passionierten Gärtnerin in Körben aufgereiht. Bedenkenlos kann man vor dem Kauf eine Probe der aromatischen Tomaten, saftigen Gurken oder knackigen Paprika kosten. Neben

Frasdorf

dem Gemüse aus ihrem Irmgärtchen verkauft Irmgard auch anderes Obst und Gemüse der Saison sowie Naturkostprodukte.

Für Johann Guggenbichler sind indessen die sonnengereiften Früchte der Obstbäume um Frasdorf und deren sorgfältige Verarbeitung eine Passion. Schon als kleiner Bub hat der Meister edler Brände die Maischereste aus den Fässern geholt. In die Geheimnisse des Schnapsbrennens hat der Senior seinen Sohn schon früh eingeweiht. Das hat Tradition bei den Guggenbichlers, die seit 1829 nunmehr in fünfter Generation Schnaps brennen. Allerdings sind das längst keine einfachen Schnäpse mehr. Johann Guggenbichler gehört zur Liga der Edelbrandsommeliers. Das hat der gelernte Ingenieur nicht nur seinem Ehrgeiz zu verdanken. Er kann sich vor allem auf seine feine Nase verlassen. Gepaart mit dem umfangreichen Fachwissen über die einzelnen Obstsorten von Apfel und Birne über Holunder, Schlehe und Vogelbeere bis hin zu Zwetschgen trifft er damit immer die richtige Geschmacksnote. Dafür hat der Spirituosen-Experte auf internationalen Wettbewerben schon einige Goldmedaillen eingeheimst.

Seine Leidenschaft für das Brennen und Veredeln von Schnäpsen wird auch bei den Verkostungen und Brennerei-Besichtigungen spürbar, die der Edelbrandmeister und Obstbauer anbietet. Johann Guggenbichler ist sich sicher, dass man seinen Geschmack trainieren und schnell lernen kann, einen guten Tropfen zu erkennen.

Informationen:
Irmgärtchen – Die Gemüsegärtnerei, Laiming 9, 83112 Frasdorf, Tel.: 08052 909428, www.irmgaertchen.de, Chiemsee Edelbrand, Johann Guggenbichler, Oberacherting 1, 83112 Frasdorf, Tel.: 08032 7079947, www.edelbrandmanufaktur.com

Eine köstliche Auswahl bietet die Edelbrandmanufaktur Guggenbichler.

Aschau im Chiemgau 72

Die mächtige Burganlage Hohenaschau

Zu Füßen der Kampenwand

Eindrucksvoll erheben sich südlich vom Chiemsee die Chiemgauer Berge, die den Abschluss der weiten, flachen Chiemseelandschaft nach Süden hin bilden. Zu den charakteristischsten Erhebungen gehören der Rosenheimer Hausberg Hochries (1569 m) sowie Geigelstein (1808 m), die Zwillingsberge Hochfelln (1670 m) und Hochgern (1744 m) und nicht zuletzt die Kampenwand (1669 m). Dort, wo sich das schmale Priental mit dem munter sprudelnden Flüsschen Prien zum Chiemgau hin öffnet, liegt Aschau zu Füßen der Kampenwand. Mit seiner zweitürmigen, bayerisch-barocken Pfarrkirche und dem erhabenen Schloss Hohenaschau macht das einst beschauliche Dorf schon von Weitem auf sich aufmerksam. Kaum zu glauben, dass die so heitere und üppige Barockkirche schon im 15. Jahrhundert als spätgotisches Gotteshaus erbaut wurde. Barockisiert wurde zunächst der zweischiffige Innenraum. Seither leuchtet das mächtige Deckenfresko von Balthasar Mang imposant über den aufwendig geschnitzten Rokokobeichtstühlen und der weiß-goldenen Kanzel. Ebenfalls bestens erhalten, thront das Schloss Hohenaschau auf einem bewaldeten Höhenrücken über dem Ein-

72 Aschau im Chiemgau

gang des Prientals. Auf der Höhenburg, die mitunter zu den bedeutendsten in Oberbayern zählt, werden Führungen angeboten. Zu den Höhepunkten zählen dabei die überreich geschmückte, barocke Schlosskapelle sowie der höchst monumentale Ahnen- und der Laubensaal.
Ansonsten ist das Schloss der Öffentlichkeit allerdings nicht zugänglich. Es wird vom Sozialwerk der Bundesfinanzverwaltung genutzt und beherbergt ein Ferienheim.

Informationen:
Tourist-Info Aschau i. Chiemgau, Kampenwandstraße 38, 83229 Aschau i. Chiemgau, Tel.: 08052 90490, www.aschau.de

Wie man hinkommt:
Autobahn A8 München Richtung Salzburg, Ausfahrt Frasdorf und der Beschilderung nach Aschau i. Chiemgau folgen.

Die barocke Pfarrkirche Aschaus vor der Kampenwand

Aschau im Chiemgau 73

Hier bietet sich ein Bankerl zur Rast an - im Hintergrund ist Aschau zu sehen.

Das Bankerldorf ® – Von Bankerl zu Bankerl das Dorf erkunden

Da hockst di nieder! Das Jahr 2013 haben die Aschauer Touristiker zum Jahr der Sitzbänke erklärt. Damit wollten sie die angestaubten Sitzgelegenheiten aus ihrem Schattendasein neu in Szene setzen. Mit einem „Bankerl-Dorfreim" (auf einer gemütlichen Runde im Dorf von Bankerl zu Bankerl spazieren) und dem „Boarischen Entschleunigungsweg" (Höhenweg mit zehn bayerischen Entschleunigungsstationen) laden insgesamt 200 Themenbänke zum Ausruhen und Entspannen, Verweilen und Entschleunigen ein. Die boarisch-pfiffige und gleichzeitig nachhaltige Idee wurde inzwischen mit dem Bayerischen und dem Deutschen Tourismuspreis ausgezeichnet. Ein ansprechendes Faltblatt, das bei der Tourist-Info erhältlich ist, erläutert die Entspannungswege und die kreativ gestalteten Ruhebänke.

Am Heurafflerweg beginnt der inspirierende Spaziergang. Anregungen für leichte Entspannungsübungen unterstützen das „Obakemma", helfen also dabei, herunterzukommen. Begegnet man anderen Ruhesuchenden, trägt ein „Griaß di" zum entspannten Miteinander bei, das unter Wanderern auch das „Du" einschließt. Für den Bankerlweg wie für den Entschleunigungsweg gilt ein absolutes Handyverbot. Die Wahrnehmung soll sich auf die Natur und das eigene Selbst konzentrieren.

Informationen:
Tourist-Info Aschau i. Chiemgau, Kampenwandstraße 38, 83229 Aschau i. Chiemgau,
Tel.: 08052 90490, www.aschau.de
Tourist-Info Sachrang, Dorfstraße 20,
83229 Sachrang, Tel.: 08057 909737
www.aschau.de/bankerl

Samerberg

Der Samerberg mit Hochries im Hintergrund

Sanfter Hügel zu Füßen schroffer Berge

Wie eine Insellandschaft kauert sich der sanfte Berg zu Füßen der Hochries. In der Großen Eiszeit hat ein Seitenarm des mächtigen Inngletschers ein von Südwest nach Nordost ausgestrecktes schmales Becken von vier Kilometern Länge gebildet. Der aus den Zentralalpen mitgeführte Schutt lagerte sich dann als Moränenkranz hufeisenförmig um die Hochmulde herum ab und bildete größere und kleinere Kuppen, auf denen Gras und Bäume gewachsen sind. So kurvt man durch die wellenförmige Landschaft, vorbei an saftig grünen Matten und Buchen-, Tannen- oder Eibenwäldchen. Ab und zu fühlt man sich ein wenig irritiert von dem vielschichtigen Landschaftsbild. Zwischen den sanft geschwungenen Bergkuppen tauchen hier und da kleine Dörfer auf und verschwinden gleich wieder. Von einem Punkt aus eröffnet sich jedoch ein nach allen Seiten freier Rundblick: Auf dem Scheitel des Höhenrückens nördlich von Törwang stellt man das Auto an der Aussichtskapelle in Obereck ab und lässt den Blick schweifen. Tief im Flachland breiten sich Inntal und Chiemgau aus, zu dem der Samerberg im Westen, Norden und Nordosten abfällt. Im Süden ragen die Wände der Hochries 1569 Meter in die Höhe. Sie sind umgeben von Karkopf, Feichteck und Heuberg.

Samerberg 74

Bevor wir uns Törwang, dem in einem wunderschönen Tal gelegenen Hauptort der Gemeinde Samerberg, zuwenden, werfen wir noch einen Blick in die romantische Aussichtskapelle aus dem 19. Jahrhundert, die, von einer Eiche bewacht, auf einer Anhöhe thront.

Auf dem malerischen Dorfplatz in Törwang bilden die Kirche „Mariä Himmelfahrt" und das Rathaus sowie der Hotelgasthof „Zur Post", das benachbarte Schusterhäusl und der Dorfbrunnen ein fotogenes Ensemble. Am Talausgang macht der traditionelle Brauereigasthof „Duftbräu" immer wieder von sich reden. Das war schon in der Frühzeit der Besiedlung des Samerbergs so, als die Menschen, die hier lebten, ein eher karges Dasein als Holzarbeiter führten. Es ist überliefert, dass Georg Schmidt 1543 das Duftbräuhaus aus einigen „beiseite gedrifteten" Stämmen und dem in der Nähe geschlagenen „Duftstoa" (Tuffstein) erbaut hat. Damit ist das „Heisl" als erster Schwarzbau auf dem Samerberg in die Geschichte eingegangen.

Das Duftbräuhaus ist Einkehr und Ausgangspunkt zu mancher Wanderung.

Dem Baumaterial und der Tatsache, dass hier bis Ende des 19. Jahrhunderts Bier gebraut wurde, verdankt das traditionsreiche Gasthaus seinen Namen. Zwar hat die ehrgeizige Wirtsfamilie Wallner die Wirtschaft zwischenzeitlich im alpinen Einheitslook renoviert, dennoch fühlt sich auch die vierte Generation bestimmten Traditionen verpflichtet: Das Fleisch stammt aus eigener Viehzucht, das Brot ist selbst gebacken und die Marmelade hausgemacht. Auch das Duftbräu im Bierglas darf dabei nicht fehlen. Damit man das Gebräu noch besser genießen kann, haben die Wirtsleute einen neuen Bierlehrpfad angelegt. Auf einer leichten Wanderung beantworten 13 informative Tafeln Fra-

Samerberg

gen rund ums Bier. Wer hat sich nicht schon immer einmal gefragt: „Welche Rolle spielen die Brauzutaten, die das Bayerische Reinheitsgebot vorschreibt?" Oder: „Wie kann der Braumeister Geschmack und Qualität des Bieres beeinflussen?" Und was die bayerische Spezialität, das Weißbier, angeht: „Was haben Weißbier und Champagner gemeinsam?" Natürlich ist nicht alles, was auf den Tafeln steht, „bierernst" gemeint. Dennoch oder vielleicht gerade deshalb ist die knapp einstündige Wanderung äußerst kurzweilig.

Ententreffen vor dem Entenwirt

Informationen:
Gäste-Information, Dorfplatz 3/Törwang, 83122 Samerberg, Tel.: 08032 8606, www.samerberg.de
Duftbräu – Berggasthof, Hotel, Familie Wallner, Duft 1, 83122 Samerberg,
Tel.: 08032 8226, www.duftbraeu.de

Wie man hinkommt:
Autobahn A8 München – Salzburg, Ausfahrt Achenmühle, Samerberg/Törwang.
Von Törwang geht es über Eßbaum und Holzmann zum Duftbräu.

Was es sonst noch gibt:
Der Entenwirt in Törwang hat sich auf gegrillte Bauernenten spezialisiert, die er von einem Züchter aus der Region bezieht. Doch nicht nur in gegrilltem Zustand kommt das Federvieh bei den Schrödls auf den Tisch, sondern auch als Terrine, Sülze und in vielen anderen Varianten. Ein ganz besonderes Event findet jedes Jahr im Mai beim Entenwirt statt, wenn sich Enten auf vier Rädern von nah und fern in Törwang treffen. Mit der französischen „Affenschaukel", genannt auch 2CV, macht es besonders Spaß, über den hügeligen Samerberg zu kurven.
Informationen: Zum Entenwirt, Samerstraße 5, 83122 Samerberg, Tel.: 08032 8815, www.entenwirt.de

Samerberg

Der Samerberg aus der Vogelperspektive

Unterwegs auf dem Vierkirchen-Weg

Auf dem weich verlaufenden, mehrstufigen Höhenrücken des Samerbergs liegen einträchtig vier Kirchen beieinander. Wie abgerückt von Dorf und Höfen und gesäumt von grauweißen Friedhofsmauern geben sich die Gotteshäuser von Grainbach und Steinkirchen wehrhaft und einsam. Zugewandter zeigen sich die Kirchen von Törwang und Roßholzen, die sich mitten ins Dorf einfügen oder wenigstens nah herangerückt sind. Außerhalb der Messe bleiben die vier Gebirgsdorfkirchen meist leer, obwohl sich ein Blick ins Kirchenschiff durchaus lohnt. In Steinkirchen etwa bewegt das Werk vom Schmerzensmann. An dem Torso erkennt man, dass er trotz behutsamer Restaurierung an vielen Stellen empfindlich beschädigt war. Dennoch ist man ergriffen von dem geschundenen Körper, der scheinbar mit letzter Kraft die linke Hand zum Segen hebt. Leicht geneigt ist das Haupt mit der Dornenkrone, während Mund und Augen die geheimnisvolle Ernsthaftigkeit im Schmerz ausdrücken, eine Ernsthaftigkeit, die Klage und Demut, aber auch Hoffnung schon hinter sich gelassen hat. Um 1460 ist das Andachtsbild entstanden, das den Betrachter dazu anregt, meditierend mit dem Schmerzensmann in Beziehung zu treten.

Aus derselben Zeit stammt die Christusfigur, die als Prunkstück in der Pfarrkirche Mariä Himmelfahrt in Törwang zu sehen ist. Etwas älter noch sind vier Schnitzreliefs

75 Samerberg

in der Bartholomäuskirche in Roßholzen. Ähnlich einer festen Burg thront die bäuerlich-barocke Grainbacher Kirche auf einem Hügel. Das Gotteshaus wurde zuerst um 1275 vermutlich auf den Grundmauern einer Burg aus dem 12. Jahrhundert errichtet und über die Jahrhunderte mehrmals umgebaut.

Die Kirche St. Peter und Paul in Steinkirchen

Der Vier-Kirchen-Weg verbindet die Filialkirchen der Pfarrei Samerberg miteinander. Allen vieren ist gemein, dass sie zuerst im gotischem Stil errichtet und später barockisiert wurden. Die Spannung, die sich aus der Verbindung der verschiedenen Baustile ergibt, ist nicht nur für Kunsthistoriker interessant. Als Ausgangsort wird Grainbach empfohlen. Anschließend geht es auf einem absteigenden Weg über die Ache durch einen Wald nach Törwang. Von hier aus führt ein schmaler Wanderweg durch einen schönen Buchenwald nach Steinkirchen zur „St. Peter und Paul-Kirche", der angeblich schönsten im Landkreis Rosenheim. Von Steinkirchen nach Roßholzen gelangt man über den Ortsteil Dorfen. Über Wiesen und durch einen Wald wandert man zur Dandlberg-Alm, von der aus sich ein weiter Blick über das Inntal öffnet. Anschließend nähert man sich über Schilding der Ortschaft Roßholzen und erkennt bereits von Weitem die „St. Bartholomäus", die älteste der vier Samerberger Kirchen. Über Friesing und Esbaum gelangt man dann wieder nach Grainbach.

Informationen:
Gäste-Information, Dorfplatz 3/Törwang, 83122 Samerberg, Tel.: 08032 8606, www.samerberg.de

Grainbach 76

Unverfälschte Wirtshaustradition auf dem Dorfplatz

Grainbach im Schnee

Einen Katzensprung von Törwang (auf 700 Metern Höhe) entfernt liegt Grainbach (680 Meter), das der bekannteren Nachbargemeinde fast das „Wasser reichen" kann, sowohl an Größe als auch, was die Höhenlage betrifft. Und selbst in der traditionellen Wirtshauskultur kann Grainbach mindestens genauso punkten. Allerdings bilden Wirtshaus und Kirche hier nicht die Einheit wie in Törwang. Während das historische Gotteshaus auf einem schmalen Hügel thront, steht der Gasthof Maurer mitten im Dorfzentrum gut sichtbar an der zentralen Kreuzung und direkt neben dem Maibaum. Ein nicht zu unterschätzender Vorteil in einem bayerischen Dorf. Tradition verpflichtet.
Und so präsentiert sich der Gasthof im Innern und auch außen unverfälscht wie ehedem mit Lüftlmalerei an den Fassaden, blumengeschmückten Balkonen und zwei einladenden Sitzbänken links und rechts der Wirtshaustür. Ebenso rustikal gibt sich der Biergarten, in dem ein Säumer mit seinem Maultier als Reminiszenz vergangener Zeiten auf dem Sockel der einstigen Pferdetränke thront.

Wenn man nicht gerade an einem warmen Sommertag hinauf auf den Samerberg kommt, strebt man eher hinein in die Gaststube, in deren herzerfrischend-ländlicher Gemütlichkeit ebenso bodenständige Gerichte serviert werden. An kalten Tagen zieht es jeden zum kuschelig warmen Kachelofen. Sind die Ofenbänke besetzt, nimmt man auf einem der Bauernstühle mit Herz in der Lehne Platz und genießt den Bauernspieß mit Speck und Bratkartoffeln. Dabei spürt man, dass hier nichts aufgesetzt ist. Der einstige Rossstall mit seinem eindrucksvollen Gewölbe dient als Raum für Familien- oder Vereinsfeierlichkeiten. Gelegentlich öffnet der Wirt den umgestalteten Stall, der in der ehemaligen Raststation der Säumer als Ruheraum für die Lasttiere diente, für Kleinstkunstaufführungen. Wenn dann urbayerische Barden wie Willy Michl oder Werner Schmidbauer auf der Bühne stehen, passt die Kunst zum Ort. Das hat Stil wie das Wirtshaus insgesamt.

Informationen:
Gasthof Maurer, Hochriesstraße 30, 83122 Samerberg/Grainbach, Tel.: 08032 8212, www.maurer-samerberg.de

143

77 Priental

„Steinmandl" an der Prien, im Hintergrund Schloss Hohenaschau

Das „blaue Gold" aus den Chiemgauer Alpen

Das Flüsschen Prien gilt als einer der längsten Wildbäche Bayerns. Als Rinnsal aus Schmelz- und Regenwasser nimmt das Gewässer zunächst am Spitzstein seinen Lauf. An der Waldgrenze unterhalb des Gipfels tritt das Wasser dann aus dem felsigen Gestein aus. Deshalb wird hier die Quelle der Prien verortet. Auch der Wanderweg, der über 20 Stationen durch das wildromantische Priental führt, beginnt hier. Zwischen Mitterleiten und Sachrang reißt der Bach reichlich Geröll mit sich, bis er im Wildbichltal am südlichen Ende des Prientals vorläufig versickert. Führt die Prien genügend Wasser, fließt sie munter von ihrer Quelle bis zur Mündung im Chiemsee beim Schafwaschener Winkel nahe der Marktgemeinde Prien. Station 10 des Wanderweges hält ein kleines Naturschauspiel bereit. In der Nähe der Felsenkapelle „Auf der Kette" südlich von Hohenaschau liegt ein Felsriegel quer im Priental. Nach der Gletscherschmelze floss das Flüsschen zunächst darüber hinweg. Mit der Zeit fraß sich das Wasser jedoch tief in den Felsen. Nach und nach bildete sich die Prien-Klamm, an der das strudelnde Wasser zusehends weiter nagt.

Nach weiteren zwei Kilometern sind noch heute Schlacken der einstigen Eisenindustrie in der Prien zu erkennen. Ein regelrechtes Industriegebiet hatte

Priental

Die Prien bahnt sich ihren Weg.

sich zwischen dem 16. und 19. Jahrhundert um die Ortschaft Hammerbach ausgebreitet. Nach knapp 17 zurückgelegten Kilometern kann man bei Station 14 beobachten, wie sich der beschauliche Wildbach in einen reißenden Fluss verwandelt. Kurz darauf folgt eine „Glücksstation". Ein Stein aus der Prien soll Glück in allen Lebenslagen bringen, vorausgesetzt, er wird zum ständigen Begleiter.

Eine Begegnung mit der Wasseramsel ist für Station 17 vorgesehen. Vor allem an turbulenten Stellen macht der Vogel Jagd auf seine Leibspeise, die Wasserinsekten. Danach mäandert die Prien ganz unbefangen vor sich hin und schafft so bezaubernde Landschaftsformen.

Über 21 Kilometer führt der Wanderweg durch die Prientaler Flusslandschaft. Wer die Tour abkürzen möchte, kann streckenweise mit dem öffentlichen Linienbus (9502) fahren, der zwischen Aschau und Sachrang täglich außer sonntags verkehrt. Mit der Aschauer oder Sachranger Gästekarte sind die Busfahrten kostenlos.

Beim Rahmenprogramm der „Prientaler Flusslandschaften", kann man bei Vollmond den Klängen der Prien lauschen oder „Stoamandl" bauen. Kleine Wasserforscher begeben sich mit der Biologin Ursula Grießer auf die Suche nach den verschiedensten Wassertieren und entdecken die biologische Vielfalt der Prien. Auf einer Kräuterbergtour erklärt Kräuterfrau und Geomantin Martina Glatt die Vielzahl an Heilkräutern auf den Bergwiesen der Prien-Quellen und dem Spitzstein.

Weitere Angebote und Informationen:
Tourist-Info Aschau i. Chiemgau, Kampenwandstraße 38, 83229 Aschau i. Chiemgau,
Tel.: 08052 90490, www.aschau.de
Tourist-Info Sachrang, Dorfstraße 20,
83229 Sachrang, Tel.: 08057 909737,
www.sachrang.de

Sachrang

Sachrang mit der Pfarrkirche St. Michael

Das Bergdorf und sein Unikum

Schon die kleinen Fenster der stattlichen Bauernhäuser, die das Ortsbild von Sachrang prägen, weisen auf die Nähe zu Tirol hin. Mit seinen rund 600 Einwohnern ist das Grenzdorf am südlichen Ende des Prientals sehr überschaubar. Dennoch hat sich der Ort einen Namen gemacht. Dafür steht allerdings weniger die hochbarocke Pfarrkirche aus dem 17. Jahrhundert. Vielmehr lebte von 1766 bis 1843 ein für seine Zeit ungewöhnlich vielseitiger Mann in dem abgeschiedenen Dorf am Fuß des Kaisergebirges. Der Müllner-Peter alias Peter Huber galt deshalb auch als ein Unikum. Wie damals üblich wuchs der schon als Kind äußerst begabte Knabe mit vielen Geschwistern in bescheidenen Verhältnissen auf. Besonders talentiert zeigte sich der kleine Peter im Fach Musik. Zu Studienzwecken soll er schon im zarten Alter von 12 Jahren in München gewesen sein.

Mit unvollendetem Studium kehrte er sechs Jahre später nach Sachrang zurück und übernahm die Mühle seiner Eltern. Doch mit dieser Aufgabe allein begnügte sich der Hochbegabte nicht. Den ausgebildeten Musiker drängte es, sein Wissen umzusetzen. Er engagierte sich als Dorforganist und Chorleiter und komponierte und bearbeitete nebenbei Stücke, die noch heute als „Sachranger Notenschatz" in der Bayerischen Staatsbibliothek aufbewahrt werden. Zusätzlich machte sich

Sachrang

Mühlenmodell im Müllner-Peter-Museum

der Müllner als Heilkundler unersetzlich. Mit heilpflanzlichen Extrakten kurierte er Mensch und Tier. Neben seinen umfangreichen musikalischen Kompositionen hinterließ das Universalgenie somit auch eine beachtliche Rezeptsammlung.

Mit einem überschaubaren Museum im ehemaligen Schulhaus erinnert die Gemeinde an ihren außergewöhnlichen Bürger, der mit seinen Leistungen vor zweihundert Jahren noch heute von sich reden macht.

Auch das bäuerliche Leben damals im Chiemgau wird in der kleinen Ausstellung thematisiert. Ehre gebührt dem herausragenden Zeitgenossen auch deshalb, weil er sich für den Erhalt der nahe gelegenen Ölbergkapelle, einem volkstümlichen Heiligtum aus dem 17. Jahrhundert, eingesetzt hat. Mit der bayrisch-tirolischen Wallfahrt, zu der sich die Sachranger jeden dritten Sonntag im September aufmachen, ehren die Dörfler gleichzeitig ihren unvergessenen Müllner-Peter.

Informationen:
Tourist-Info Sachrang, Dorfstraße 20, 83229 Sachrang, Tel.: 08057 909737, www.sachrang.de
Müllner-Peter-Museum Sachrang, Schulstraße 3, 83229 Aschau/Sachrang, Tel.: 08057 904767, www.muellner-peter-museum.de

Wie man hinkommt:
Autobahn A8 München – Salzburg, Ausfahrt Bernau und weiter bis Aschau, dann der Beschilderung nach Sachrang folgen.

Was es sonst noch gibt:
Durch den Heilkräutergarten des Müllner-Peter-Museums führt die Kräuterexpertin Martina Glatt zwischen Mai und Oktober einmal pro Woche interessierte Besucher. Dabei kann man auch Interessantes zur Mythologie der Pflanzen und zu traditionellen Anwendungen der Heilkräuter erfahren.

Kiefersfelden

Schauplatz der Ritterspiele in Kiefersfelden ist die original erhaltene Barockbühne.

Von Passions- zu Ritterspielen

Historische Quellen belegen, dass in Kiefersfelden schon seit Beginn des 17. Jahrhunderts volkstümliche Stücke zur Aufführung gelangten, aber erst 1742 wurden daraus Passionsspiele. Nachdem ein Einfall österreichischer Truppen erfolgreich abgewehrt worden war, versprachen die Kiefersfeldener nämlich, sich mit geistlichen Spielen für den Beistand von „oben" zu bedanken. Doch dann wurden alle Passionsspiele verboten. In Kiefersfelden fiel der Vorhang 1813 zum vorläufig letzten Mal. Zwanzig Jahre später entstaubte die spielfreudige Gemeinde ihr Repertoire. Es wurden mehr und mehr weltliche Ritterdramen inszeniert.

Bis heute werden vor allen Dingen Stücke aus der Feder des Tiroler Kohlenbrenners Joseph Georg Schmalz auf der original erhaltenen Barockbühne aufgeführt, allerdings immer nur im Juli und August. Zu den Handelnden gehören Adelige und Schurken. In den Schauspielen geht es seit jeher recht derb zu. Intrigen und Eifersucht, Mord und Totschlag dezimieren im Spiel die oft bis zu 30 Akteure. Auch wenn man dem einfachen Dialekt und den manchmal ziemlich holprigen Darstellungen des Volkes nicht immer folgen kann, erschließt sich der Inhalt. Die Ritter und Herrscher mühen sich nämlich mit einem geschwollenen Hochdeutsch ab. Dagegen nimmt der Hanswurst kein Blatt vor den Mund und kontert, wie ihm der Schnabel gewachsen ist. Diese Kombination löst unweigerlich immer wieder Lachsalven aus. Tosenden Applaus gibt es jedes Mal, wenn der Hauptvorhang, der eine Ansicht von

Kiefersfelden

Kiefersfelden zeigt, nach dem letzten Aufzug fällt.
Die „Comedihütte" in Kiefersfelden mit ihrer original barocken Drehbühne gilt als einziges Theater, in dem Laien weltliche Stücke aus dem 19. Jahrhundert auf traditionelle Weise mit ernster Haltung aufführen. Einzigartig und theatergeschichtlich von großer Bedeutung ist auch die ländlich-barocke Kulissenbühne, auf der alle mobilen Teile noch heute manuell von Bühnenarbeitern bewegt werden. Die 500 Zuschauerplätze wurden allerdings der Bequemlichkeit halber inzwischen modernisiert. Seit 2004 sorgt der neu gegründete „Förderverein der Ritterschauspiele Kiefersfelden" für den Erhalt des knapp 400 Jahre alten Dorftheaters.

Laiendarsteller sind die Akteure der alljährlichen Ritterspiele, in denen es um Intrigen und Eifersucht geht.

Informationen und Kartenvorverkauf:
Tourist Information Kiefersfelden, Rathausplatz 1, 83088 Kiefersfelden,
Tel.: 08033 976527, www.tourismus-kiefersfelden.de oder www.muenchenticket.de
Die Kartenpreise liegen zwischen 3 und 18 Euro.

Wie man hinkommt:
Autobahn A8 München – Salzburg, in Höhe Rosenheim Abfahrt auf die Inntal-Autobahn Richtung Kiefersfelden-Kufstein, Ausfahrt Kiefersfelden. Das Theater befindet sich in der Ortsmitte (Theaterweg 7).

Mit der Sennerin auf der Alm

Käsen auf der Schweinsteigeralm

Auf einer Alm kann man den Alltag weit hinter sich lassen und lernen, wie aus Milch Käse zubereitet wird. Zuerst muss man aber hinaufkommen. Auf die Schweinsteiger-Alm, die mit dem bekannten Fußballspieler nur den Namen gemein hat, führt ein steiler Weg. Braun-weiß gefleckte Milchkühe stehen malmend an den Hängen des Wildalpjochs, wo sie sich den Sommer über an frischem Gras und Kräutern laben. Die Oberaudorfer Sennerin Katharina Kern, die ebenfalls den Sommer auf der Alm verbringt, stellt gleich klar, dass Romantik der falsche Begriff für das Leben auf der Alm ist: „Das ist harte Arbeit an sieben Tagen in der Woche und hohe Verantwortung für´s Vieh." Doch das Gefühl der Freiheit möchte sie trotzdem nicht missen, sagt die Sennerin und blickt versonnen über die Gipfel der Chiemgauer Alpen.

Aus der Hälfte der etwa 2400 Liter Milch, die ihre Kühe jede Woche geben, macht Katharina Kern rund 100 Kilo würzigen Almkäse. Wie das funktioniert, führt sie den großen und kleinen Almausflüglern vor: Man nehme einen Kupferkessel, gieße zwei Kübel Milch hinein und erwärme sie langsam auf 30 °C. Das klingt erst einmal einfach. Doch es erfordert Geschick und nicht zuletzt Muskelkraft, denn Kessel und Kübel haben es in sich. Schon zum Umrühren mit einem sogenannten Kamm braucht man Kraft und Ausdauer. Dabei entwickeln sich, wenn die Temperatur stimmt, die nötigen Bakterien. Dann sind die Gastlehrlinge dran. Etwas zaghaft noch beginnt die Übung mit dem Einrühren von Kälberlab aus einem Reagenzglas. Dann wird der Kessel zur „Dicklegung" abgedeckt. Zeit für einen kleinen Spaziergang über die Alm. Während das Vieh friedlich frisst, erklärt die Sennerin deren Speiseplan. Je mehr Kräuter die Kühe fressen, desto besser schmeckt der Almkäse. Auf der Schweinsteiger-Alm schmeckt er besonders würzig, denn auf dem sonnenverwöhnten Muschelkalkboden, den das Almvieh täglich „bearbeitet", gedeihen die artenreichsten Bergwiesen in ganz

Oberaudorf

Europa. In der Zwischenzeit hat sich die Milch verdickt und muss nun mit einer Käseharfe zerteilt werden. Mit Gefühl, gleichmäßig längs und quer, zieht man die auf einen Rahmen gespannten Saiten durch die Quarkmasse. Auch dabei zählt Ausdauer. Zuletzt heißt es noch abschöpfen, abtropfen und setzen lassen. Nach getaner Arbeit lassen sich die Sennerin und ihre kleinen und großen Gäste immer ein bereits seit Monaten gereiftes, köstliches Stück Bergkäse, frischen Kräuterquark und Holzofenbrot zur zünftigen Brotzeit schmecken. Dazu läuten die Kuhglocken.

Informationen:
Chiemsee-Alpenland Tourismus, Felden 10, 83233 Bernau am Chiemsee, Tel.: 08051 96555-0, www.chiemsee-alpenland.de
Tourist Information Oberaudorf, Kufsteiner Str. 6, 83080 Oberaudorf, Tel.: 08033 30120, www.oberaudorf.de

Ein weiter Blick öffnet sich von der Schweinsteigeralm.

Eine Wanderung beginnt mit der richtigen Orientierung.

Erste Bergwanderschule Deutschlands

Wandern und „walken" erfreut sich zunehmender Beliebtheit, deshalb bauen immer mehr Gemeinden ihr Wanderwegenetz aus, das ganzjährig präpariert wird. Fehlen nur noch die richtige Ausrüstung und Gehtechnik für die Wanderer. Was dabei zu beachten ist, erfährt man bei der ersten Bergwanderschule Deutschlands in Oberaudorf.

Zu Beginn des Wanderkurses stellt Bergwanderführer Markus klar, dass nicht jeder, der auf zwei Beinen daher kommt, automatisch wandern kann. Eine Bergwandertour sollte genau geplant sein. An erster Stelle steht dabei die Ausrüstung: Bergwanderschuhe, Funktionsunterwäsche, atmungsaktive Oberbekleidung, Wetterschutzjacke, Wanderkarten, Verpflegung, Taschenmesser, Kopfschutz gegen Steinschlag und nicht zuletzt der Rucksack mit breiten Schulterbändern. Nachdem auch noch Wasserflaschen, Sonnenschutz und das Handy verstaut sind, folgt die erste sanfte Übung. Auf 880 Meter geht es hinauf auf den Gipfel des Kleinen Oberaudorfer Berges. 300 Höhenmeter gilt es auf der fünf Kilometer-Tour zu überwinden. Die Formel, die der Wanderführer dazu ausgibt, lautet: Strecke, Zeit und Höhenmeter müssen auf die jeweilige Kondition des Wanderschülers abgestimmt sein. „Langsam und ohne Hektik", mahnt Markus schon bei den

Oberaudorf

ersten Schritten. Den eigenen Rhythmus finden, gleichmäßig einen Fuß vor den anderen setzen und Kraft für den Rückweg sparen.

Oben angekommen, belohnt der Blick ins Tal und auf die Gipfel rund um das „Kaiser-Reich". Unter diesem Namen vermarkten sich die am Fuß des österreichischen Kaisergebirges gelegenen Gemeinden Oberaudorf sowie das benachbarte und bei Dorfwettbewerben mehrfach prämierte Niederaudorf und Kiefersfelden.

Bei einer zünftigen Brotzeit in der Almwirtschaft auf dem Gipfel breitet Markus die Wanderkarte aus und erklärt, wie man eine Tour plant. Anhand der Höhenlinien lassen sich die Passagen mit extremen Steigungen deuten. So kann man Entfernungen und Höhenunterschiede ausmachen und die Wanderroute und -zeit daran orientieren. Anfängern empfiehlt der Wanderlehrer zunächst die blau gekennzeichneten, leichten Touren. Nächste Steigerung sind die mittleren, rot markierten Wege. Wer sich dann sicher fühlt auf Schusters Rappen, der kann die schweren schwarzen Touren in Angriff nehmen. Mit gutem Gefühl und neuem Spaß am Wandern geht es zurück ins Tal. Beim Tagesausklang im Gasthof mit musikalischer Begleitung von einheimischen Hobbymusikern kann man den examinierten Bergführer Markus als begnadeten Tuba-Spieler erleben.

Informationen:
Bergwanderschule Oberaudorf: Kurse und Wanderungen unter www.bergwanderschule.de

Wie man hinkommt:
Auf der A8 Richtung Salzburg, abbiegen auf die Inntalautobahn bis zur Ausfahrt Oberaudorf fahren.

Das Kranzhorn ragt vor dem Kaisergebirge empor.

82 Oberaudorf

Guten Morgen auf der Baumoosalm

Auszeit auf dem Berg

Wer sich zwischendurch eine Auszeit mit nachhaltigem Erholungseffekt gönnt, findet auf der Baumoosalm bei Oberaudorf Entspannung der natürlichen Art. Ganz bewusst hat Alois Sonnenhuber, der sich vom einstigen IT-Manager zum selbst ernannten Almtrainer für Persönlichkeitsentwicklung gewandelt hat, auf elektrischen Strom in seiner nunmehr 250 Jahre alten Hütte verzichtet. Dafür gibt es auf der Alm neben Übernachtung und Vollpension spärlich fließendes Wasser und frische Höhenluft. Das einfache Leben oben auf dem Berg hat dennoch Stil. Kleine, passend platzierte Details vermitteln ein heimeliges Gefühl. Im Schlafstadl etwa schmücken Stoffherzen die behaglichen Bettkojen. Den Weg zum stillen Örtchen weisen archaische Wurzelgestalten im Wechsel mit warmem Kerzenschein. Die Küche erweist sich schließlich als ein wahrer Ort der Geborgenheit. In einem Kessel auf dem Holzofen blubbert Wasser leise vor sich hin. Der frische Käsekuchen nachmittags ist der reinste Genuss. Abends sitzt man um den großen Tisch und lässt sich frisch gepflückten Wiesensalat schmecken. Die duftenden Kräuter haben die Gäste unter Anleitung der Biologin Ursula Grießer gesammelt.

Oberaudorf 82

Gemütlich klingt der Abend beim Bier im Felsenkeller aus. Allerdings nicht bis zu vorgerückter Stunde, denn am frühen Morgen führt Alois Sonnenhuber in Richtung Sonnenaufgang. Mitten in den Tiefschlaf ertönt der Weckruf der Yak-Glocke. Um drei Uhr ist Aufbruch. Im Licht der Stirnlampen geht es steil aufwärts. Langsam breitet sich die Morgendämmerung aus. Die Silhouetten vom Wilden Kaiser und dem Wendelstein sind schon zu erkennen. Mit geübtem Griff klammert man sich an das Stahlseil und kraxelt dem 1669 Meter hohen Brünnstein-Gipfel entgegen. Oben angekommen empfangen erste Sonnenstrahlen die frühen Wanderer. Beim Blick über das traumhaft schöne Panorama spürt man, dass sich das frühe Aufstehen gelohnt hat. Nach rund zweistündigem Abstieg steht schon frisch gebrühter Kaffee auf dem Küchentisch in der Almhütte. Noch vor dem Frühstück steht eine Lektion zum „Buttern" auf dem Programm. Dabei wird frische Milch mit einer hölzernen Schleuder zu goldgelber Butter gerührt, die auf dem Holzofenbrot und mit hausgemachter Marmelade einfach köstlich schmeckt.

Informationen:
Baumoosalm, Lechen 1, 83080 Oberaudorf, Tel.: 08033 309187, www.baumoosalm.de

Die Baumoosalm im strahlenden Sonnenschein

155

83 Nußdorf am Inn

Das Freilichtmuseum Mühlenweg

Ausgezeichnete Gemeinde am Inn

Mit seinen malerischen Bauernhäusern und blühenden Vorgärten hat Nußdorf vor gut zehn Jahren im europäischen Wettbewerb „Entente Florale" eine Goldmedaille gewonnen und darf sich seitdem ganz offiziell „schönstes Dorf" nennen. Die idyllische Umgebung mit ihren heiteren Obstwiesen ist zum Auftanken und Entspannen wie geschaffen. Das hat schon manchen Kreativen zu Meisterleistungen inspiriert. Der Glaskünstler Florian Lechner und der Eisbildhauer Christian Staber stellen ihre Arbeiten immer wieder zur Schau. Die Tradition der bildenden Künste reicht zurück bis ins 17. Jahrhundert, als der Inntaler Barockmeister Joseph Eder in Nußdorf eine Malerwerkstatt eröffnete. Eines seiner Gemälde hängt noch heute in der Leonhards-Kirche, deren Name an die einst große Verehrung des Pferdeheiligen Leonhard in Bayern erinnert. Neben der Kunst spielte die Technik der Wasserkraft in der Inngemeinde eine große Rolle. Über Generationen sicherten Mühlen den Familien der Getreidemüller, Schmiede- und Gipsmeister sowie der Lederer ein regelmäßiges Einkommen. Der heute munter vor sich hin plätschernde Mühlbach war ehedem die wichtigste Erwerbsquelle der Ortschaft. Zur Blütezeit im 19. Jahrhundert waren nicht weniger als 15 Mühlwerke in Betrieb.

Nußdorf am Inn

Die Mühle kluppert wie einst munter vor sich hin.

Heute nutzt die Gemeinde ihre Mühlen als Freilichtmuseum. Wer sich für die Geschichte der Technik und das einstige Leben in den Mühlen interessiert, kann mit einem Gästeführer durch das wildromantische Mühltal spazieren und dabei alles Wissenswerte zum Thema erfahren.

Ohne Führung kann man aber auch einfach auf dem Themenweg mit seinen 18 Stationen immer am rauschenden Mühlbach entlangwandern. Nach den dreieinhalb Kilometern, die durch ein idyllisches Tal, ein Stück weit durch den Wald und nicht zuletzt durch das malerische Dorf führen, fühlt man sich rundum entspannt.

Informationen:
Verkehrsamt Nußdorf am Inn, Brannenburger Straße 10, 83131 Nußdorf am Inn, Tel.: 08034 907920, www.nussdorf.de

Wie man hinkommt:
Autobahn A8 München – Salzburg, am Inntaldreieck weiter auf der Inntalautobahn (A93) bis zur Ausfahrt Brannenburg und dann nach Nußdorf fahren.

84   Nußdorf am Inn

Nußdorf mit der Pfarrkirche St. Vitus ist eines der schönsten Dörfer.

Auf holprigem Weg zur Einsiedelei Kirchwald

Die Gemeinde Nußdorf liegt im äußersten Winkel Deutschlands. Fünf Kilometer weiter, und man steht bereits auf österreichischem Boden. Um das malerische Dorf erhebt sich eine Bergkette, deren Gipfel oft bis weit ins Frühjahr schneebedeckt sind. Einer davon ist der Heuberg, auf dem sich einer der letzten Eremiten im deutschsprachigen Raum eingerichtet hat. Gut zwanzig Minuten dauert der Aufstieg bis zur Lichtung, an der ein solides Kirchlein und eine Klause stehen. Der holprige Weg über Wurzeln und Steine ist gesäumt von „Marterln" im Zeichen des Rosenkranzes. Eine gute Einstimmung auf die Begegnung mit Frater Marianus Schmid.

Bei dem frommen aber scheuen Gottesmann, der seine Aufgabe darin sieht, „den Unrat in Kirche und Gesellschaft in der Stille zu sühnen", ist willkommen, wer ernsthaft Rat sucht.

Der Ursprung der Einsiedelei geht auf das Jahr 1644 zurück. Ein mährischer Tuchmacher namens Michael Schöpfl wurde auf der Heimreise von einer Pilgerfahrt nach Rom von einer Räuberbande überfallen, die ihn um Haaresbreite am Galgen erhängt hätte. In der Nacht vor der anberaumten Vollstreckung gelobte der tief gläubige Christ, als Einsiedler weiterzuleben, sollte er gerettet werden. Tatsächlich wurde Schöpfl durch einen Zufall vor dem Galgen bewahrt und konnte seinen Heimweg fortsetzen. Unterwegs fand er in Nußdorf eine Felsenhöhle und bat die Gemeinde im Kirchwald, ein bescheide-

Nußdorf am Inn 84

nes Holzhüttchen bauen zu dürfen, um als Eremit zu leben. Damit war gleichsam der Grundstein für die Einsiedelei gelegt. Gut 70 Jahre später wurde ein Wallfahrtskirchlein an diesem frommen Ort errichtet. Unter den Votivgaben, die hier hinterlegt wurden, soll auch das Marienbild sein, das der Rompilger bei sich hatte.

Zwischen der Einsiedelei und Nußdorf hatte sich schnell ein fruchtbares Miteinander gebildet, das auf Leistung und Gegenleistung basierte. So lehrte einer der Einsiedler die Kinder der umliegenden Höfe rechnen, lesen und schreiben und wurde dafür mit Nahrungsmitteln versorgt. Ein anderer reparierte für die Dorfbewohner Uhren und Spinnräder. Als dann im Zuge der Säkularisation Einsiedelei und Gnadenkapelle für unnütz erklärt wurden, machten sich einige Nußdorfer auf den Weg nach München, um das Kirchlein und die Klause vor der Zerstörung zu retten.

Die Wallfahrtskirche Mariä Heimsuchung in Kirchwald

Wie man hinkommt:

Autobahn A8 München – Salzburg, am Inntaldreieck weiter auf der Inntal-Autobahn (A93), Ausfahrt Brannenburg und weiter nach Nußdorf fahren. Am Parkplatz am Steinbach in der Ortsmitte das Auto parken und entlang dem Steinbach in östlicher Richtung wandern. Am Ende des Weges der Beschilderung Richtung Mühltal folgen, weiter über den Heubergweg und Winkelwiesenweg. Bei Haus Nr. 24 links in einen Feldweg einbiegen und über den alten Pilgerweg mit den Kreuzwegstationen durch den Kirchwald hinauf zur Einsiedelei wandern.

Auf der Hohen Asten wird eine wunderbare Brotzeit serviert.

Die Hohe Asten im Mangfallgebirge

Malerisch erhebt sich die Hohe Asten über das Inntal. Traumhaft ist die Aussicht von dem beschaulichen Berggasthof auf 1106 Metern Höhe. Von Flintsbach bei Brannenburg windet sich ein ziemlich steiler Forstweg hinauf auf den Berg, vorbei an Überresten der Burg Falkenstein und dem Petersberg mit seinem Apostelweg und der kleinen Kirche. Nach eineinhalb Stunden strammem Fußmarsch steht man vor einer kleinen Ansammlung alter Bauernhöfe, die seit Generationen ihren Platz hoch über dem Inn einnehmen. Noch höher und durch seine Südostlage klimatisch begünstigt liegt der Bergbauernhof Hohe Asten, den die Vorfahren der Bergbauernfamilie Astl schon vor über 500 Jahren ganzjährig bewirtschaftet haben.

Nicht allein wegen seiner grandiosen Aussicht ist die Hohe Asten ein beliebtes Wanderziel. Die gute Küche, in der die Chefin selbst den Kochlöffel schwingt, hat sich längst herumgesprochen. Für die Spinatnockerl etwa nehmen Wanderlustige den schweißtreibenden Anstieg auch an heißen Sommertagen gerne in Kauf. Wenn es im Winter richtig schneit, kehrt erst einmal Ruhe ein, denn dann bezwingt kein Wanderer den Weg mit seiner 25-prozentigen Steigung. Sobald ein paar Sonnenstrahlen durch die dichten Winterwolken dringen, macht Bauer Peter Astl den fünf Kilometer langen Forstweg zum Hof mit seinem Schneepflug oder der Schneefräse wieder begehbar. Bei guten Schneebedingungen kann man über eine rasante Piste zurück

Flintsbach

ins Inntal und nach Flintsbach rodeln. Da es sich dabei um die Zufahrtsstraße handelt, gleitet man auf eigene Gefahr zu Tal. Die Landwirtschaft der Familie Astl mit ihren 40 Kühen, Schafen und einigen Pferden trägt nicht nur zur Landschaftspflege bei, sondern dient auch der Selbstversorgung. Milch und Fleisch kommen auch im eigenen Berggasthof auf den Tisch. „Das ist reinste biologische Herstellung", sagt Wirtin Christa Astl. Auf das Biosiegel hat die Familie allerdings verzichtet, weil es zu teuer und mit zu vielen Auflagen verbunden ist.

Informationen:
Berggasthof Hohe Asten, Hohe Asten 2, 83126 Flintsbach a. Inn, Tel.: 08034 2151, www.hoheasten.de

Wie man hinkommt:
Autobahn A8 München – Salzburg, am Inntaldreieck Richtung Innsbruck und an der Ausfahrt Brannenburg abfahren. Im Ort links abbiegen Richtung Flintsbach/Kiefersfelden. In Flintsbach rechts in den Astenweg einbiegen und Richtung Burg Falkenstein (ausgeschildert). Parken auf dem Wanderparkplatz. Zusätzliche flachere Aufstiegsmöglichkeit (Im Winter nicht geräumt): von Brannenburg die Mautstraße Richtung Bayerischzell, nach einigen Kilometern links auf dem Wanderparkplatz parken und dann die breite Forststraße zum Aufstieg nutzen.

Der Aufstieg wird durch einen spektakulären Blick ins Gebirgsmeer belohnt.

Brannenburg

Die Bergkirche St. Margarethen ist Teil der Gemeinde Brannenburg.

Sommerkolonie der Münchner Künstler

Heute vermutet man kaum mehr, dass der staatlich anerkannte Luftkurort im weiten Talkessel des Inntals und zu Füßen des Wendelsteins Mitte des 19. Jahrhunderts eine Sommerkolonie der Münchner Künstler war, vergleichbar mit der Fraueninsel. Die Maler hatten hier in der leicht welligen Feld- und Wiesenebene ein ursprüngliches, ländliches Idyll für sich entdeckt. Die Flusslandschaft wird heute von Asphalt- und Schienenwegen durchkreuzt, ausufernde Siedlungen und Gewerbegebiete breiten sich aus. Doch auf den Bildern von Johann Georg von Dillis oder Lovis Corinth ist die Szenerie aus Auen und Feldern erhalten geblieben.

Das Stammquartier der Brannenburger Malerkolonie war der „Schloßwirt", der damals Gasthaus „Zum Niggl" hieß. In dem traditionellen, bodenständigen Hotel-Gasthof waren die Wände damals mit allerlei Kitsch und schrägen Zeichnungen sowie Deko-Resten der jeweils letzten Feste dekoriert. Die Münchner Bohème hatte sich dort zum Malen und Feiern versammelt, darunter auch die Landschaftsmaler Rottmann und Schleich, Carl Spitzweg und Hans Makart. Auch Wilhelm Busch verbrachte die Sommermonate lieber in Brannenburg als in der Münchner Akademie. Hier traf der spätere Meister der humorvoll-hintersinnigen Bildergeschichten den Verleger, der die Weichen für seine Laufbahn stellte.

Tagsüber zog man mit Staffelei, Farbe und Pinsel hinaus in die Landschaft und bannte

Brannenburg 86

die Idylle auf die Leinwand. Zwischendurch pausierte man beim Picknick und genoss die Sommerfrische des Inntals. Max Liebermann hat die ländliche Stimmung auf seinem Bild „Brannenburger Biergarten" eindrucksvoll eingefangen. Das Gemälde hängt heute im Pariser Musée d´Orsay.

Die Zeiten haben sich geändert. Heute trumpfen die Brannenburger Touristiker mit ihrer „schönen verkehrsgünstigen Lage" auf und mit den vielen erschlossenen Tal-, Höhen- und Bergwegen. Die größte Attraktion ist dabei die Zahnradbahn auf den Wendelstein.

Information:
Tourist Information Brannenburg, Rosenheimer Straße 5, 83098 Brannenburg, Tel.: 08034 4515, www.brannenburg.de

Wie man hinkommt:
Autobahn A8 München – Salzburg, am Inntaldreieck weiter auf der Inntalautobahn (A93) bis zur Ausfahrt Brannenburg fahren.

Was es sonst noch gibt:
Beim Schloßwirt im ländlich geprägten Ortskern, in historischer Umgebung unterhalb von Schloss Brannenburg gelegen, kann man im Sommer zum Bier eine zünftige Brotzeit im gemütlichen Biergarten genießen. Seit 1932 ist der Gasthof in Familienbesitz.
Informationen:
Hotel-Gasthof Schloßwirt, Kirchplatz 1, 83098 Brannenburg, Tel.: 08034 70710, www.schlosswirt.de

Der Schlosswirt war einst Stammlokal der Brannenburger Malerkolonie.

87 Wendelstein

Der Wendelstein mit seiner bei Hobbyastronomen beliebten Sternwarte

Der Erlebnisgipfel

Majestätisch thront der Wendelstein mit seinen 1838 Metern über den Hügeln des Voralpenlandes. Vor 230 Millionen Jahren hat sich der gewaltige Berg aus einem Riff aus Ablagerungen wie Muscheln gebildet und ist vom heutigen Mittelmeerraum nach Bayern gewandert.

Dokumente der Erstbesteigung sind auf das Jahr 1780 datiert. Etliche hochherrschaftliche Gipfelstürmer machten sich später auf den Weg, und 1866 wurde schließlich ein stattliches Kreuz auf den Gipfel gesetzt. Bald folgten Wendelsteinhaus und -kircherl. Als 1912 die Zahnradbahn in Betrieb genommen wurde, stürmten vor allem die Münchner in Scharen auf den Wendelstein, den sie zu ihrem Hausberg erkoren hatten.

Nach und nach wurde der Gipfel zum Erlebnispark ausgebaut, der nicht nur bei Familien als Ausflugsziel beliebt ist.

Das Erlebnis beginnt schon bei der eindrucksvollen Auffahrt mit der Zahnradbahn. Von Brannenburg aus dauert die Bahnfahrt etwa 30 Minuten. Wenn allerdings eine Gämse die Schienen blockiert, kann sich die Fahrzeit mit der ältesten Hochgebirgsbahn Deutschlands auch leicht verzögern. Dafür sitzt man bequem in den vor 25 Jahren modernisierten Zügen. Zu besonderen Anlässen werden die über hundert Jahre alten Nostalgiewaggons aus der Remise geholt.

Oben angekommen, geht es auf eine Zeitreise in den Geopark. Die Panoramatafel auf der Aussichtsterrasse ist Ausgangs-

Wendelstein

punkt für vier Wege, die auf spannende Touren durch die Entstehungsgeschichte der Alpen führen. Auf 35 Tafeln wird dabei die Verwandlung vom tropischen Korallenriff zur majestätischen Gipfelkette erklärt. Anschließend lockt eine Entdeckerreise ins Innere des Berges. Im Gipfelmassiv des Wendelsteins verbirgt sich ein komplettes Höhlensystem. Vom künstlichen Zugangsstollen hinter dem Bergbahnhof führen 82 Stufen in die Tiefe. Wer sich danach rechts hält, landet in der sogenannten Kältefalle. Empfehlenswerter ist der Weg nach links, der zu einem eindrucksvollen „Höhlen-Dom" führt.
Wer den Blick lieber nach oben richtet, nimmt den Gipfelweg zur Sternwarte und schaut dort durch ein Spiegelteleskop in den Himmel.
So viel Höhenluft macht hungrig und drängt zur Einkehr in das Wendelsteinhaus, das 1883 die erste Unterkunft in den bayerischen Alpen bot. Heute sorgen die Wirtsleute in ihrem Berggasthaus und auf der großen Terrasse auf 1724 Metern Höhe vor allem für das leibliche Wohl.
Bevor es wieder hinunter ins Tal geht, lässt man den Blick noch einmal von der Aussichtskanzel „Gacher Blick" über den Wilden Kaiser, die Rofanspitzen, das Karwendel- und Wettersteingebirge sowie die Zentralalpen mit dem Großglockner schweifen.

Informationen:
Wendelsteinbahn GmbH, Sudelfeldstraße 106, 83098 Brannenburg.
Tel.: 08034 308-0, Talbahnhof: 08034 308-110, Fahrplan- und Preisansage: 08034 308-112, www.wendelsteinbahn.de

Wie man mit dem Zug hinkommt:
Mit dem Meridian geht es von München über Rosenheim Richtung Kufstein, in Brannenburg aussteigen und etwa 30 Minuten zu Fuß zum Talbahnhof der Zahnradbahn gehen (gut ausgeschildert).

Eine Zahnradbahn führt auf den Wendelstein.

Die Kapelle im Ortsteil Birkenstein ist ein beliebtes Ziel für Wallfahrer.

Sakralbauten der besonderen Art

Das malerische Ensemble aus der imposanten Basilika St. Martin in Fischbachau wie auch die zierliche Friedhofskirche Mariä Schutz sollte man nicht links liegen lassen. Das Martinsmünster in seinen nüchternen romanischen Bauformen überrascht im Innern mit einem einzigartigen Bilderbogen barocker Fresken. Besonders beeindruckend ist die Mondsichelmadonna im Seitenschiff. Nur in der Karwoche ist das theatralische, mit bunten Leuchtkugeln verzierte Bühnenbild eines „Heiligen Grabes" in der Kirche Mariä Schutz zu sehen. Dagegen kann man die spätgotischen Reliefs des Marientodes und die Schutzmantelmadonna jederzeit bewundern. Unter ihrem Goldumhang haben viele Schutz gesucht. Ritter und Bischöfe kann man erkennen oder auch gekrönte Häupter und vornehme Damen, nur das arme Volk hat keinen Platz gefunden.

Wenige Kilometer weiter östlich herrscht in der Wallfahrtskapelle von Birkenstein, dem mit 855 Metern über NN höchstgelegenen Ortsteil von Fischbachau, meist ein ähnlicher Hochbetrieb wie in Altötting. Ein Pilgerbus nach dem anderen rollt über die schmale Straße. Dadurch herrscht oft beklemmendes Gedränge in der mit Gold buchstäblich überladenen kleinen Kapelle. Die winzige Kirche stellt eine Nachbildung des „Heiligen Hauses" in Loreto dar, wo angeblich die „Heilige Familie" von Nazareth beheimatet war. Im ehemaligen Eremitenhaus kann man allerlei Devotionalien kaufen.

Fischbachau

Die Pfarrkirche St. Martin   Sonnetanken im Café Winklstüberl

Informationen:
Tourist Information Fischbachau, Kirchplatz 10, 83730 Fischbachau, Tel.: 08028 876, www.fischbachau.de

Wie man hinkommt:
Autobahn A8 München – Salzburg, Ausfahrt Weyarn und über Miesbach und Schliersee auf der Deutschen Alpenstraße nach Fischbachau fahren.

Was es sonst noch gibt:
Im Café Winklstüberl führt die bayerische Volksschauspielerin Thekla Mayrhofer „Regie". Besonders an den Wochenenden herrscht großer Andrang, denn im Winklstüberl sind die Kuchenstücke doppelt so groß und fast nur halb so teuer wie anderswo. Vor über 700 Jahren wurde das Café als Schwaige Wynckel erstmals erwähnt. Damals gehörte die gemütliche Stube zum Kloster Maxlrain. Ab 1680 gehörte die Winklschwaige zum Kloster Fischbachau. Das später in weltlichen Besitz übergegangene Winkl-Anwesen wurde in mehrere kleine Besitzungen geteilt. Das Winklstüberl führt die Familie seit nunmehr 65 Jahren. In den Jahrzehnten täglichen Kaffeemahlens hat sich eine stattliche Anzahl von 650 Kaffeemühlen angesammelt, die man in den Stuben des Cafés bestaunen kann.

Informationen: Café Winklstüberl, Leitzachtalstraße 68, 83730 Fischbachau,
Telefon: 08028 742, www.winklstueberl.de

Munteres Getümmel auf dem Bad Feilnbacher Apfelmarkt

Apfel und Moor beugt Krankheiten vor

„An apple a day keeps the doctor away." Auf oberbayerisch hört sich das etwa so an: „Bist amoi ned so guad drauf, an Apfe richt di wieda auf."

Stammt der Apfel vom riesigen Streuobstanbaugebiet rund um Bad Feilnbach, trifft der Spruch umso mehr zu, denn das Obst unter dem Schwarzenberg sowie rund um den Wendelstein und das Wildbachjoch ist garantiert ungespritzt und natürlich. Jedes Jahr im Oktober kommen Tausende Besucher zum größten ökologischen Apfelmarkt ins Voralpenland. Über 200 verschiedene Apfel- und Birnensorten gedeihen seit Jahrhunderten in dem milden Klima, bedingt durch die Berge im Süden und das flache Land im Norden. Nach dem Verkosten von aromatischen Marmeladen, Obstbränden und Likören kann man Vorräte für zu Hause direkt beim Obstbauern erwerben.

Neben dem Reichtum an Früchten ist Moorschlamm das „schwarze Gold" der Feilnbacher. Seit 35 Jahren gilt das „Natur-Heil-Dorf" bereits als anerkanntes Moorheilbad. Dank seines besonders gehaltvollen Naturmoors genießt Bad Feilnbach einen weithin guten Ruf. Die angebotenen ganzheitlichen Kompaktkuren helfen bei Herz- und Kreislaufbeschwerden sowie Stoffwechsel- und Rückenproblemen. Sie lindern zudem Rheuma und Arthrose.

Beim „Moorerlebnis Sterntaler Filze", einem EU-Live-Natur-Projekt, kann man das

Bad Feilnbach

„schwarze Gold" in Form von natürlichem Moor anfassen, erforschen und bestaunen. Startpunkt des 650 Meter langen Bohlenweges über das Torfmoor ist in Derndorf, etwa zwei Kilometer östlich von Bad Feilnbach. An verschiedenen, mit Infotafeln versehenen Aussichtspunkten entlang des Lehrpfads bekommt man einen schaurig-schönen Einblick in das urnatürliche Moor mit seinen wundersamen Kräften.

Informationen:
Kur- und Gästeinformation Bad Feilnbach,
Bahnhofstraße 5, 83075 Bad Feilnbach,
Tel.: 08066 88711, www.bad-feilnbach.de

Ein wunderschönes Naturerlebnis stellt die Sterntaler Filze dar.

Bad Feilnbach

Pilgernd zur Ruhe kommen

Auf Gottes Spuren

Nicht immer stehen heute beim Pilgern religiöse Gründe im Vordergrund. Vielmehr ist es der Wunsch nach einer Auszeit von der Hektik des Alltags. Man möchte zur Ruhe kommen und neue Kraft schöpfen. Das erreicht man am besten durch entschleunigendes Pilgern. Als bekannteste europäische Pilgerroute hat sich der Jakobsweg einen Namen gemacht. Einer der Streckenabschnitte der Pilgerreise ins spanische Santiago di Compostela führt am Moor- und Naturheilbad Bad Feilnbach vorbei. Auf den verschiedenen Tagesetappen in der Region trägt die Einkehr in die eine oder andere Kirche oder Kapelle dazu bei, Momente der Stille und der inneren Einkehr zu erleben. Innere Ruhe stellt sich ein, und damit finden Körper, Geist und Seele zu neuem Einklang. Die einzelnen Touren erstrecken sich über 15 bis 23 Kilometer. Bei besinnlichem Tempo sollte man jeweils fünf bis sechs Stunden Gehzeit einplanen.

Innere Ruhe finden Spaziergänger auch auf dem Themenweg „Auf Gottes Spuren". Der Weg führt durch den Naturpark in Bad Feilnbach und erstreckt sich über 250 Meter entlang des Jenbachs und des Osterbachs. Die sieben Stationen auf dem beschaulichen, von Bäumen gesäumten Spazierweg erzählen vom Bund Gottes mit den Menschen. Einige der Kunstwerke stammen von Uwe Huber, einem Künstler aus dem nahen Bad Aibling. Auch diese Pilgerstrecke ist ein Teil des Jakobsweges. Gemeinsam wurde die besinnliche Kurzstrecke, die auch für Rollstuhlfahrer geeignet ist, von der evangelischen und katholischen Gemeinde in Bad Feilnbach gestaltet. An den einzelnen Stationen laden Sitzgelegenheiten zum Verweilen oder zum gemeinsamen Austausch im Gespräch ein.

Die Kur- und Gästeinformation wie auch die katholische Herz-Jesu-Kirche und die evangelische Kapelle „Zum guten Hirten" halten Begleithefte mit Erläuterungen der einzelnen Bibelstellen und Gebete bereit. Gruppen- und Einzelführungen (ab 25 Euro) können ebenfalls über die Gästeinformation gebucht werden.

Informationen:
Kur- und Gästeinformation Bad Feilnbach,
Bahnhofstraße 5, 83075 Bad Feilnbach,
Tel.: 08066 88711, www.bad-feilnbach.de

Bad Feilnbach

Ein Paradies für Schnapsbrenner

Mit seinen 125 Schnapsbrennrechten gilt Bad Feilnbach als das Schnapsbrennerdorf schlechthin. Der Grund für die Fülle an Lizenzen zum Schnapsbrennen, die sich auf gerade mal 85 Höfe verteilen, liegt an der reichen Obsternte. In dem milden Klima an den Ausläufern des Wendelsteins gedeihen Äpfel und Birnen, Hauszwetschgen und Kirschen besser als anderswo in Bayern. Zudem kultivieren die Bauern ihren Obstanbau im Einklang mit der Natur. Das beginnt mit der natürlichen Bestäubung durch heimische Bienen, deren Stöcke direkt neben den Streuobstwiesen stehen, und reicht bis hin zur schonenden Schädlingsbekämpfung mit natürlichen Mitteln. „Nur reife Früchte werden geerntet", erklärt Christian Eder. Damit erspart sich der Schnapsbrenner einen Zusatz von Zucker bei seinen biologisch reinen Bränden.

Das Apfelparadies des Biobauern erstreckt sich zwischen Wendelstein und Chiemsee. Tausend Apfelbäume stehen auf dem über drei Hektar großen Gelände. Das sei nur ein kleiner Teil der insgesamt 30 000 Obstbäume, die es in der 7500 Seelen-Gemeinde Bad Feilnbach gibt, erklärt Bauer Eder. Jeder einzelne Baum trägt rund 700 000 Blüten. Zur Herbstzeit verwandelt sich das Blütenmeer vom Frühjahr in ein Schlaraffenland. Dank seines milden Klimas wird das Naturheildorf mitunter auch als „Bayerisches Meran" bezeichnet. Mit dem schlichten Zusatz „Obstbrennerdorf" können sich die Obstbauern allerdings eher anfreunden.

Wer in Bad Feilnbach den besten Obstbrand sucht, kommt an Christian Eder nicht vorbei. Aus 25 verschiedenen Obst-Sorten von Boskop bis Topas brennt der Landwirt jeden Winter etwa 300 Liter Schnaps. Das sei kein normaler Obstler, betont Eder, sondern ein mit der höchsten bayerischen Obstprämierung ausgezeichneter Edelobstbrand. Aus den unterschiedlichen Geschmacksnuancen jeder Ernte immer wieder das Besondere ins Glas zu bringen, darin sieht er die Kunst des edlen Brennens.

In der Frühlingszeit ist der Biobauer für seine Besucher da. Er schlendert mit Interessierten über die in der weißen Pracht der Apfelblüte leuchtenden Wiesen und bietet anschließend eine Verkostung seiner flüssigen Schätze an.

Das erklärte Ziel von Christian Eder ist es, die Streuobstwiesen um Bad Feilnbach trotz harter Konkurrenz zu erhalten. Der Bauer unternimmt alles, um ihre drohende Zerstörung durch die Umwandlung in Maisanbauflächen für Biogasanlagen abzuwehren.

Wer sich auf dem Ferienbauernhof der Familie Eder einmietet, kann nicht nur hausgemachte Obstbrände, Apfelwein, Apfelessig oder Apfelbrot und Marmeladen genießen. Auch die Milchprodukte der zwölf Kühe des Biobauern sind frei von Zusatzstoffen.

91 Bad Feilnbach

Informationen:
Kur- und Gästeinformation Bad Feilnbach, Bahnhofstraße 5, 83075 Bad Feilnbach, Tel.: 08066 88711, www.bad-feilnbach.de

Wie man hinkommt:
Auf der Autobahn Münchnen – Salzburg bis Ausfahrt Bad Feilnbach (ab München 50 Km). Ab der Ausfahrt sind es noch fünf Kilometer bis Bad Feilnbach.

Was es sonst noch gibt:
Im nahegelegenen Lippertskirchen unten im flachen Moosland kauert die anmutige Rokokokirche mit ihren schwungvollen Altären und dem zurückhaltenden Stuck. Vor dem spätgotischen Gnadenbild kann man ungestört in stiller Einkehr ein wenig verweilen.

Auf dem Wachingerhof der Familie Eder kann man Urlaub machen und die Produkte des Obstbauern und Schnapsbrenners genießen.

Schmuckstück bei Bad Aibling

In Berbling entstand Wilhelm Leibls berühmtes Werk „Drei Frauen in der Kirche".

Zwischen Obstgärten und einem waldigen Hang schmiegt sich Berbling in die Landschaft des idyllischen Mangfalltals. Das schmucke 300-Seelen-Dorf, das seit einer Gemeindegebietsreform zu Bad Aibling gehört, wurde im Jahr 804 erstmals urkundlich erwähnt. Schon aus der Ferne erkennt man den Turm der Pfarrkirche „Heilig Kreuz", der aussieht, als sei eine kleine Zwiebel auf eine große gesetzt worden. Das Gotteshaus aus dem 18. Jahrhundert gilt als eine der schönsten ländlichen Rokokokirchen Bayerns. Es wird oft mit der Wieskirche in Steingaden verglichen und auch die „kleine Wies" genannt. Doch ist es mitnichten eine Wieskirche im Kleinformat, sondern et-

was ganz Besonderes. Nirgendwo sonst in Bayern findet man einen oktogonalen Grundriss mit einschwingenden Seiten. Im Innern ist das Gotteshaus ganz auf das Zentralthema des Kreuzes ausgerichtet. Das Gemälde im Altarraum etwa stellt die Legende der Kreuzfindung durch Kaiserin Helena dar. Im Deckenfresko wird von dem im Jahr 312 im Zeichen des Kreuzes erlangten Sieg Kaiser Konstantins berichtet, und auf dem Gemälde über der Empore ist die Erlösung im Tod durch die Segnung mit dem Kreuzzeichen angedeutet.

Der Maler Wilhelm Leibl hat von 1878 bis 1892 in Berbling gelebt. Hier entstand sein wohl berühmtestes Gemälde „Drei Frauen in der Kirche". Die drei Modelle, allesamt Frauen aus dem Dorf, saßen dafür fast vier Sommer lang in betender Haltung in der Kirche. Als Lohn erhielt jede von ihnen zwei Mark pro Tag. Für das Sitzen und Beten bezahlt zu werden, war damals allerdings alles andere als selbstverständlich. Berbling hat seinen bäuerlichen Charme bewahrt. Bis heute prägen landwirtschaftliche Betriebe den kleinen Ort. Kunsthistorisch besonders interessant ist die Alte Schmiede mit der Lüftlmalerei aus dem 18. Jahrhundert.

Informationen:
AIB-KUR GmbH und Co.KG, Kur- und Tourismusinformation, Haus des Gastes, Wilhelm-Leibl-Platz 3, 83043 Bad Aibling,
Tel.: 08061 90800, www.aib-kur.de

93 Bad Aibling

Das Rathaus hebt sich mit seinem Anstrich in Orange von den umliegenden Gebäuden ab.

Ältestes Moorbad in Bayern

Am Fuß des mächtigen Wendelsteins breitet sich Bad Aibling aus, das sich als bedeutendstes Moorheilbad Deutschlands einen Namen gemacht hat. Die Voraussetzungen dafür wurden in der Eiszeit geschaffen. Als sich die Eismassen vor 16 000 Jahren zurückgezogen haben, hinterließen sie einen riesigen See. Nach Verlandung des Gewässers blieb im Dreieck zwischen Bad Aibling, Rosenheim und Bad Feilnbach ein weitläufiges Moorgebiet zurück. Bis zu sieben Meter wächst das Torfmoor in die Tiefe.

In der ersten Hälfte des 19. Jahrhunderts erkannte der damalige Landgerichtsarzt Dr. Desiderius Beck die Heilkraft der schwarzen Erde und eröffnete 1845 die erste „Sole- und Moorschlamm-Badeanstalt" mit sechs Kabinen und drei Wannen. Das bescheidene Angebot umfasste salzsaure Moorbäder und -umschläge sowie Fuß-, Arm- und Handmoorbäder. Eine Behandlung kostete 12 bis 36 Kreuzer. Mit einer weiträumigen Werbekampagne lockte der weitblickende Medicus schon damals bis zu 100 Heilung Suchende pro Tag. Knapp vier Jahrzehnte später ergänzte ein großzügig angelegter Kurpark mit Wandelhalle und Lesesaal das Erholungsangebot für die meist herrschaftlichen Gäste. Damit setzte ein Bauboom in Bad Aibling ein. Einige Gründerzeitvillen zeugen noch heute von den frühen Erfolgen der Kurstadt an der Mangfall.

Bad Aibling

Auch die Badeanstalt wurde kontinuierlich erweitert. Vor fünf Jahren öffnete die neue Therme ihre Pforten. Auf 18 000 Quadratmetern breitet sich die jüngste Erholungsoase unter acht Kuppeln aus. Die malerische hügelige Moorlandschaft um Bad Aibling setzt sich gleichsam in der Badelandschaft fort. Wie in der Landschaft Ebenen und Hügel, so wechseln unter den Kuppeln der Therme die Badebecken und Bassins ihre Formen. Die Topografie der Umgebung mit ihren Wäldern, Feldern, Mooren und Seen zeichnet die Badelandschaft mit Außen- und Kneippbecken, Arealen der Ruhe und einem ansprechenden Kinderbereich nach.

Informationen:
AIB-KUR GmbH und Co.KG, Kur- und Tourismusinformation, Haus des Gastes, Wilhelm-Leibl-Platz 3, 83043 Bad Aibling, Tel.: 08061 90800, www.aib-kur.de

Wie man hinkommt:
Auf der Autobahn A8 München - Salzburg die Ausfahrt Bad Aibling nehmen.

Was es sonst noch gibt:
Kunstsinnige schätzen das Angebot an Musik- und Theateraufführungen rund ums Jahr. Im Sommer heißt es über fünf Monate jeden Freitagabend: „Umsonst und draußen". Dabei wird auf der Bühne im Kurpark Musik unterschiedlicher Richtungen geboten.
Das internationale Gitarren-Festival „Saitensprünge" ist im November der musikalische Höhepunkt.
Das traditionelle „Parkfest" steigt alljährlich im August.

Die Therme in Bad Aibling wirkt im Dunkeln wie eine magisch-mystische Thermenoase.

94   Stephanskirchen

Stephanskirchen von oben gesehen

Der Gocklwirt und seine Antiquitäten

Von Weitem schon grüßt der spitze, neugotische Turm von Stephanskirchen am Simssee. Wenn man das Dorf früh genug erreicht, könnte man auch den Hahn noch krähen hören. Wobei ein krähender Hahn auf dem Land eigentlich nicht der Rede wert ist. Beim Gocklwirt allerdings schon. Jedenfalls dann, wenn der Hahn wie es in der Bibel geschrieben steht, dreimal kräht. Das tut er in der antiquarisch-musealen Wirtschaft allerdings nur nachmittags, und nur vor mindestens zehn Zuschauern. Der Hahn ist Bestandteil einer einzigartigen Kunstuhr, die man im Anbau des Gasthauses Gocklwirt bestaunen kann. Mit Recht bezeichnet ihr Besitzer die faszinierende Sehenswürdigkeit als „Weltuhr". Jedes Technikmuseum wäre nicht weniger stolz auf solch eine Rarität. Das Räderwerk verzahnt gleichsam den ganzen Kosmos. Auf seinen 14 Zifferblättern präsentiert das Wunderwerk bei jedem Glockenschlag 50 allegorische und biblische Figuren. Die Uhr schlägt jede Sekunde, Minute, Viertelstunde, volle Stunde und nicht zuletzt zum Morgen- und Abendgebet. Tagtäglich, Monat für Monat, Jahr für Jahr zeigt sie synchron die Ortszeiten von München, Berlin, Wien und Paris an. Auch die sieben Wochentage, vier Jahreszeiten, zwölf Tierkreiszeiten werden von der Uhr angezeigt, ebenso wie die Mondphasen, der Auf- und Untergang der Sonne und der Umlauf der Sterne. Jedem Wochen-

Stephanskirchen 94

Die Weltuhr ist die Attraktion des Gocklwirts.

tag sind zwei der 14 Kreuzwegstationen Jesu zugeordnet. Alle 12 Stunden schreiten die 12 Apostel an dem Heiland vorbei.
Der Besessene, der dieses Präzisionsmonstrum berechnet und Rädchen für Rädchen aneinandergefügt hat, war ein wanderlustiger Bauernbursche und Schlossergeselle aus der Oberpfalz namens Joseph Greß. Als er mit 27 Jahren in geistiger Verwirrung starb, versuchte sein Bruder die mechanischen Hinterlassenschaften auf Jahrmärkten loszuwerden. Bevor der Gocklwirt, der eine Passion für technische Antiquitäten hegte, die einzigartige Weltuhr erstand, war sie bereits durch mehrere Hände gegangen.
Der Name „Gocklwirt" stammt indessen nicht vom krähenden Hahn der antiquarischen Uhr. Ursprünglich hatte Anton Rietz einen Bauernhof mit Geflügelzucht bewirtschaftet. Das entsprach dem Lebenstraum seiner jungen Ehefrau Betty ganz und gar nicht. Sie träumte von einem Gasthof, der schließlich im August 1955 eröffnet wurde. Schon bald war das Gasthaus wegen seiner knusprig gebratenen Hendl aus eigener Zucht so beliebt, dass sie überall nur der „Gocklwirt" hieß. „Café am Weinberg", wie Betty Rietz das Wirtshaus in Anlehnung an den Weinberg am Simssee gerne genannt hätte, war damit chancenlos geworden.

Informationen:

Gocklwirt am Weinberg, Weinbergstraße 9,
83071 Stephanskirchen
Tel.: 08036 1215, www.gocklwirt.de
Öffnungszeiten: Mittwoch bis Samstag 12.30 bis 24 Uhr, Sonn- und Feiertage 12 bis 24 Uhr, Montag und Dienstag Ruhetag

Wie man hinkommt:

Autobahn A8 München – Salzburg, dann auf der Landstraße St 2045 Richtung Bad Endorf, in Prutting links orientieren Richtung Simssee, am See in Edling und die Seestraße in südlicher Richtung weiterfahren bis zur Simsseestraße nach Baierbach und dort der Beschilderung Gocklwirt folgen.

Was es sonst noch gibt:

In Ecking am Simssee, der als Badesee äußerst beliebt ist, befindet sich ein schönes Strandbad. Auch Radfahrer mit weniger Kondition können den See auf einem schönen, ausgeschilderten Weg umrunden.

95 Rosenheim

Auf dem Ludwigsplatz steht mit dem Mittertor das einzige noch erhaltene Stadttor.

Lebendige Metropole am Inn

Der Inn, der die Westgrenze des Chiemgaus bildet, war gleichsam der Baumeister von Rosenheim. So wurde der Hauptplatz im Mittelalter zur Innbrücke ausgerichtet. Dieser „Innere Markt", heute Max-Josefs-Platz und „Gute Stube" der Stadt, entstand neben der Siedlung um die Nikolauskirche. Später wurde neben dem „Inneren Markt" östlich vom Mittertor noch der „Äußere Markt" angelegt, der längst in „Ludwigsplatz" umbenannt wurde. Einst wurden hier Viehmärkte abgehalten. Jeden Freitag boten die Stadtfischer ihre Fänge feil. Der Brunnen in der Mitte des Platzes diente dabei als eine Art Kühlbox für die frischen Fische. Heute wird hier mit anderen Waren gehandelt, doch der Knabe auf dem Brunnen, der einen Fisch im Arm hält, erinnert noch immer an die Innfischer von einst. Indessen waren es nicht die Fischer, die dem Inn seine Bedeutung verliehen haben. Über Jahrhunderte galt der gezähmte Gebirgsfluss als wichtige Handelsstraße zwischen den Innstädten. Das hatten schon die Römer erkannt, die Brücken über das Gewässer bauten und mit dem Wegezoll nicht schlecht verdienten. Rosenheim, das im 13. Jahrhundert erstmals urkundlich erwähnt wurde, verdankte seinen Reichtum dagegen dem Handel, den der Warentransport auf dem Inn möglich machte.

Mit der Verlegung der Soleleitungen von Bad Reichenhall nach Traunstein und Rosenheim wurde die industrielle Entwicklung der Stadt eingeläutet. Kaum zu glauben, dass die Handels- und Industriestadt das erste bayerische Solebad und einst auch ein Kurort war, wenn auch eher unbedeutend. Nachdem der Salinenbetrieb 1958 eingestellt wurde, war auch das Solebad Geschichte. Da hatte sich Rosenheim bereits zu der Stadt entwickelt, die sie noch heute ist: eine kleine Metropole aus Industrie, Handel und Ausbildungswesen. Letzteres bezieht sich vor allem auf die Holzwirtschaft.

Von jeher war die Lage an einer wichtigen Verkehrsader für die Geschichte Rosenheims von entscheidender Bedeutung. Was mit der Römerstraße und der Wasserstraße über den Inn begann, hat sich auf Schienen und Straßen fortgesetzt. Schon in den frühen Morgenstunden pulsiert das Leben wie in kaum einem anderen Ort vergleichbarer Größe. Gleichwohl strahlen Straßen und Plätze mit ihren bunten, mit Stuck und Erkern verzierten Häusern in klassischer Inn-Salzach-Bauweise eine behagliche Atmosphäre aus. In den auffallend vielen Cafés beginnt der Tag für Pendler, Fachschüler, Handelsvertreter oder frühe Shopping-Touristen mit einem Espresso oder Latte Macchiato. Mit Zügen und Bussen oder mit dem Auto strömen sie täglich in die Stadt am Inn. Es sind fast so viele wie Rosenheim Einwohner zählt.

Zahlreiche Läden und Lokale sorgen am Max-Josefs-Platz, der guten Stube der Stadt, für reges Treiben.

In drei Museen ist die Geschichte der Stadt sehr anschaulich dargestellt: Das Heimatmuseum beginnt bei den Römern und befasst sich auch mit den Anfängen der Innschifffahrt sowie mit dem Kunsthandwerk verschiedener Epochen, darunter dem Inntaler Möbelkunsthandwerk.

Das Innmuseum im schönen, alten Flussmeisterstadel nahe der Innbrücke ist eine Fundgrube für alle, die sich für den Fluss und seine Geschichte interessieren. Das Holztechnische Museum am Max-Josefs-Platz zeigt anhand einer Fülle von Dokumenten und anderen

Rosenheim

Objekten, wie die Lage nahe des Zusammenflusses von Inn und Mangfall die Entwicklung Rosenheims und den Holzhandel in der Region befördert hat. Das „Holztechnikum", die deutschlandweit erste Fachhochschule für den Ausbildungszweig, ist daraus entstanden.

Informationen:
Tourist-Info Rosenheim, Kufsteinerstraße 4, 83022 Rosenheim, Tel.: 08031 3659061, www.touristinfo-rosenheim.de

Wie man hinkommt:
Autobahn A8 München – Salzburg, Ausfahrt Rosenheim und der B15 folgen.

Was es sonst noch gibt:
Der Lokschuppen in Rosenheim hat sich in den letzten Jahren zu einem überregionalen Anziehungspunkt entwickelt. Sehr sehenswerte und informative Ausstellungen über die Kelten und Römer in Bayern haben Tausende Besucher in die Innmetropole gelockt. Auch die Besucher kleinerer Ausstellungen etwa zum Thema „Tibet" oder „Inn" kommen von außerhalb und scheuen die weite Anfahrt nicht. Die halbrunde Lokomotiven-Remise, die zu einem attraktiven Ausstellungsort umgebaut wurde, der bereits mehrere Architekturpreise eingeheimst hat, ist ein beliebtes Ausflugsziel.
Informationen:
Lokschuppen Rosenheim im Kultur- und Kongresszentrum, Rathausstraße 24, 83022 Rosenheim, Tel.: 08031 3659032, www.kuko.de

Das Holztechnische Museum zeigt die lange Tradition der Arbeit am Holz.

Auf den Spuren alter Bäume

Der Riedergarten lädt zum Verweilen ein.

Alte Bäume gelten seit jeher als Symbole von Beständigkeit und Beharrlichkeit. Oft kann man sie mit Geschichten und Mythologien in Verbindung bringen wie die über 2000 Jahre alten, knorrigen Olivenbäume im Garten Gethsemane in Jerusalem. Doch so weit muss man gar nicht gehen, um sich von den erhabenen Gewächsen faszinieren zu lassen. Auf einer Rundtour zu Fuß oder per Fahrrad entdeckt man im Rosenheimer Land eine stattliche Anzahl „historischer" Bäume. Auf Tafeln haben örtliche Gartenbauvereine die Stämme bezeichnet und charakterisiert. Dazu gibt es eine begleitende Wanderkarte „Von Baum zu Baum".
Der Initiator Thomas Janscheck hatte im Vorfeld jahrelang Baumgeschichten zwischen Wasserburg am Inn und der Tiroler Grenze ausgegraben. Wundersames und Geheimnisvolles, Sakrales und Mystisches hat der Gartenbauingenieur dabei entdeckt. Dem Leitmotiv des Naturforschers Alexander Humboldt folgend: „Habt Ehrfurcht vor dem Baum", will Janschek Wanderer und Wallfahrer an das „Heiligtum unserer Vorfahren" heranführen.
Das südliche Bayern sei besonders reich an Baumveteranen, hat der Baumexperte herausgefunden. Grund sei die frühzeitige Aussaat an Kiefern-, Tannen- und Fichtensamen, die etwa im Chiemgau lange vor der geregelten Forstwirtschaft begonnen hatte. Zudem konnten zahlreiche Schlossparks, Klöster und Kirchen ihre alten Baumbestände bewahren. Manche Baumpflanzungen dienten dem Schutz einzeln platzierter Kapellen und Marterln.
Allerdings braucht der Wanderer einigen Spürsinn beim Auffinden der alten Bäume. Ziemlich verwachsen ist etwa die alte Steintreppe, die am Ortsrand von Oberaudorf zur Galgenlinde hinaufführt. Noch 1945 wurden hier Deserteure von Nazischergen gehängt. Ein anderer Baum auf dieser Route, die Husarenlinde in Niederaudorf, kündet von anderen Greueltaten. Rund hundert historische Fakten, Sagen, Legenden und Geschichten rund um das Thema „Baum" hat Thomas Janscheck zusammengestellt.

> **Informationen:**
> Die Karte „Von Baum zu Baum" ist erhältlich beim Kartographischen Verlag H. Huber, Dorfstraße 44, 83088 Kiefersfelden, Tel.: 08033 8237

97 Rosenheim

Die Rosenheim-Cops, wie hier Joseph Hannesschläger (Mitte), werden während der Dreharbeiten von Toni und Anneliese Sket im Gasthaus „Zum Johann Auer" kulinarisch versorgt.

Auf den Spuren der Rosenheim-Cops

Für Fans der ZDF-Serie ist es gleichsam ein Muss, auf den Spuren der Rosenheim-Cops zu wandeln, allen voran auf denen von Kommissar Korbinian Hofer, einem Urbayern, wie er im Buche, in diesem Fall im Drehbuch, steht. Mit den Originaldrehorten lernt man gleichzeitig die wichtigsten Punkte der Stadt kennen. Dreh- und Angelpunkt der Serie, nämlich die Polizeistation, war anfangs das Rosenheimer Rathaus in der Rathausstraße. Doch nachdem die städtischen Angestellten nach den Dreharbeiten ihre Akten nicht mehr fanden, wurden die Büros auf dem Bavaria-Film-Gelände in München eingerichtet, zumindest für die Innenaufnahmen. Von außen ist das Rathaus die Schaltzentrale geblieben.

Am Kultur- und Kongresszentrum mitten im Salingarten beginnt die einstündige Führung. Schon öfter war die attraktive Grünanlage mit ihrem großen Wasserrad und dem Skulpturengarten Drehort der Rosenheim-Cops, einmal sogar als Schauplatz eines Mordes: Der Höhlenforscher Dr. Dieter Dräxler wurde hier während eines Kongress-Besuches niedergestreckt. Am Max-Josefs-Platz wurde für die Serie aus einem Optikergeschäft ein Fitnessstudio. In nächster Nähe in der Hafnerstraße wohnen Film-Kommissar Sven Hansen und Polizeipräsident Gerd Achtziger.
Der Max-Josefs-Platz, die „Gute Stube" der Stadt mit ihren historischen Bürgerhäusern im Inn-Salzach-Stil, bietet im-

Rosenheim

mer wieder eine anheimelnde Kulisse für den Heimatkrimi. Hier erkennt man gleich mehrere „Tatorte", denn fast jedes Haus war schon einmal in einen der Kriminalfälle verwickelt. Weiter geht es zum Mittertor, das einzig erhaltene Markttor in Rosenheim, das heute als Städtisches Museum dient. Im Mittelalter hat ein doppelter Graben das Tor geschützt, das später erst einen Zwiebelturm erhielt. An einer Fassade zum Ludwigsplatz hin ist das Rosenheimer Wappen zu sehen, das eine weiße Rose auf rotem Grund zeigt. Auf dem Ludwigsplatz, dem einstigen Äußeren Markt, hat man die Wahl zwischen etlichen Gasthäusern. Vielleicht trifft man dort nach Drehschluss den einen oder anderen Rosenheim-Cops-Darsteller. In den nahe gelegenen Riedergarten, der einst als Apothekergarten fungierte, sind die Ermittler auch schon gerufen worden.

Zum Stadtarchiv wurde das Rosenheimer Ausstellungszentrum Lokschuppen umfunktioniert, als es um den Mord an einem Ahnenforscher ging. Wo allerdings der gemütliche Biergarten, das Rosenbräu, ist, und wo Hauptkommissar Korbinian Hofer mit seiner Schwester Marie den Bauernhof bewirtschaftet, das dürfen die Spurensucher selbst ermitteln, damit es bis zum Schluss spannend bleibt.

Informationen:
Tourist-Info Rosenheim im Kultur- und Kongresszentrum Kufsteiner Straße 4, 83022 Rosenheim, Tel.: 08031 3659061, www.touristinfo-rosenheim.de
Führungen „Auf den Spuren der Rosenheim-Cops":
Januar bis Dezember: Samstag 16 Uhr
Juni bis September: zusätzlich Mittwoch 10 Uhr, Sonntag 11 Uhr
Preis pro Erwachsener 5 Euro, Kinder (bis 17 Jahre) 4 Euro
Treffpunkt vor dem Parkhaus P1/Seiteneingang (Hammerbach/Innenstadt)

Der Lokschuppen ist für seine spektakulären Ausstellungen bekannt.

Der Hochaltar der Klosterkirche in Rott am Inn ist ein Meisterwerk von Ignaz Günther.

Radtour von Rosenheim nach Wasserburg

Durch urwüchsige Auen und vorbei an stillen Gewässern verläuft die Fahrradstrecke hauptsächlich am Inn entlang. Wer die Tour in umgekehrter Richtung macht, radelt ab Wasserburg auf der anderen Seite das rechte Innufer entlang.

Das Städtische Museum auf dem Ludwigsplatz in Rosenheim ist Startpunkt für die 28 Kilometer lange Tour, die über wenig befahrene Nebenstraßen und teilweise auf Fahrradwegen mit leichten Steigungen zur Innstadt Wasserburg führt. Zunächst geht es über die Innstraße zur Mangfall und dort über die Brücke. Der Innstraße weiter folgend, erreicht man den Inn und setzt die Fahrt auf dem Inntalradweg Richtung Rott am Inn fort. Immer mal wieder weicht der Weg ein Stück weit ab vom Flussufer und zieht sich vorbei an kleineren Seitenarmen mit einer urwüchsigen Schilflandschaft. Dann trifft man auf den ersten Meilenstein am Weg, ein Relikt der Römerstraße von Augsburg nach Salzburg, die hier entlangführte. Langsam öffnet sich das Inntal und der Fluss wird breiter. Eine leichte Steigung führt hinauf zum Wehr. Auf nunmehr asphaltiertem Radweg geht es durch eine kleine Parkanlage, an die sich eine kurze Etappe auf der Straße anschließt. Überquert man dann die nächste Brücke, taucht bereits der erste Wegweiser nach Wasserburg auf.

Rosenheim 98

In Rott am Inn lohnt sich eine kurze Pause zur Besichtigung des sehenswerten Benediktinerklosters aus dem 11. Jahrhundert. Danach geht es über einen Schotterweg, vorbei an Maisfeldern und Wiesen weiter Richtung Wasserburg. Wieder überquert man den Inn, diesmal allerdings durch eine Unterführung.

Von nun an wird es schweißtreibend. Mit einigen Steigungen geht es durch Griesstätt, Altenhohenau, Kerschdorf und Freiham weiter, bis bei einer Abzweigung linker Hand Wasserburg angezeigt ist. In der schönen Altstadt verlocken dann Cafés, Gasthäuser oder Biergärten zu erfrischender Einkehr.

Informationen:
Tourist-Info Rosenheim im Kultur- und Kongress-Zentrum Kufsteinerstraße 4, 83022 Rosenheim, Tel.: 08031 3659061, www.touristinfo-rosenheim.de

Wie man hinkommt:
Autobahn A8 München – Salzburg, Ausfahrt Rosenheim
Wer nicht mit dem Fahrrad zurück nach Rosenheim fahren möchte, kann den Zug von München nach Rosenheim nehmen und später ab Wasserburg zurück nach München. Der Bahnhof liegt etwas außerhalb im Ortsteil Reithmering – etwa 20 Minuten steil ansteigend ab Wasserburg.

Entlang des Inns durchquert man eine facettenreiche Landschaft.

Edling

Das Amphitheater am Stoa

Am „Stoa" wird regelmäßig Kultur geboten.

Eine der staunenswerten Sehenswürdigkeiten der Gemeinde vor den Toren von Wasserburg ist ein Findling aus der letzten Eiszeit. Der 200 Tonnen schwere Koloss wurde erst vor 26 Jahren bei Kiesarbeiten in der Schotterebene inmitten einer Moränenlandschaft entdeckt. Während der Würmeiszeit ist der viereinhalb Meter hohe und fünf Meter breite Stoa (bairisch für Stein) aus der Gegend um Kramsach in Tirol vom Inngletscher bis zur Ortschaft Edling geschoben worden. Hier blieb der monströse Stein liegen und ließ sich auch nicht mehr von der Stelle bewegen. Daraufhin entschlossen sich die Edlinger, den Fundort des Findlings, eine ehemalige Kiesgrube, nach dem Vorbild antiker Amphitheater als Bühne zu gestalten. Seither ist der Stoa Kulisse bei Freilichttheater-Aufführungen, beim Open-Air-Kino sowie bei Kleinkunst-Darbietungen.

Besonders eindrucksvoll sind die Veranstaltungen in den Abendstunden. Sobald es dunkel wird, leuchtet der Stein und taucht die Naturbühne, passend zu den Stücken des Narrenschiff-Theaters aus Wasserburg, in eine romantische Atmosphäre. Wenn das Wasserburger Kino Utopia jeden Sommer vier Wochen lang Freiluft-Vorstellungen veranstaltet und ein Biergarten für das leibliche Wohl sorgt, herrscht hier immer eine fröhliche Stimmung. Das Ende des Sommers, das gleichzeitig die Spielzeit beschließt, krönt ein Stoa-Fest, das sich in jeder Saison großer Beliebtheit erfreut. Die Ortschaft Edling wurde schon vor über tausend Jahren erwähnt und war bis Ende der 1970er-Jahre eine selbstständige Gemeinde. Dann führte eine Landkreisgebietsreform jedoch zur Eingemeindung in die ehemalige Kreisstadt Wasserburg. Das behagte den Edlingern nicht. Sie klagten am Bayerischen Verfassungsgerichtshof und ließen nicht locker, bis sie ihren Status als selbstständige Gemeinde wieder erlangt hatten.

Informationen:
Gemeinde Edling, Rathausplatz 2, 83533 Edling, Tel.: 08071 91880, www.edling.de

Wie man hinkommt:
Autobahn A8 München – Salzburg, Ausfahrt Rosenheim und weiter auf der B15 Richtung Wasserburg am Inn, kurz vor Wasserburg abbiegen Richtung Edling. In Edling rechts abbiegen Richtung Hohenlinden, nach etwa einem Kilometer rechts halten und dem Hinweisschild „Freilichttheater am Stoa" folgen.

Wasserburg 100

Die Wasserburger Altstadt wird fast gänzlich vom Inn umschlossen.

„Halbinsel" am Inn

Wie eine Halbinsel kauert sich die Stadt in eine ausgreifende Innschleife. Den besten Blick auf die malerische Altstadt hat man von den Hängen des Bräuwinkelbergs am jenseitigen Ufer des Flusses. Hallgraf Engelberg hatte im Jahr 1137 seinen Sitz nach Wasserburg verlegt, angelockt von der geschützten Lage und dem Innübergang an der Salzstraße. Diese äußerst vorteilhafte Position war auch der Grund für die rasante Entwicklung, die die Siedlung im Mittelalter nahm. Der Wittelsbacher Ludwig der Bayer hatte Wasserburg bereits 1334 das Stadtrecht verliehen. Bis zum Jahr 1504 durfte das Salz aus Reichenhall und Salzburg ausschließlich über Wasserburg nach München und Augsburg befördert werden. Als die Transportroute dann aufgrund eines Erlasses über Rosenheim umgelenkt wurde, versiegte die sicherste und stets sprudelnde Einnahmequelle der Wasserburger. Der Eisenbahnbau des 19. Jahrhunderts führte an Wasserburg vorbei. Durch die Stilllegung des Inn-Hafens verlor die Stadt eine weitere Einnahmequelle. Die einst pulsierende Handelsmetropole versank damit endgültig in einen Dornröschenschlaf. Indessen künden die prachtvollen Häuser in typischer Innbauweise mit Lauben im Erdgeschoss und schmucken Erkern noch heute vom einstigen Reichtum der Halbinselstadt am Inn. Ein wahres

100   Wasserburg

Kleinod ist das Haus Kern am Marktplatz mit seiner malerischen Fassade, die der berühmte Stuckateur Johann B. Zimmermann im frühen 18. Jahrhundert gestaltet hat. Nicht weniger stattlich präsentiert sich das Rathaus gegenüber mit seinen beiden Treppengiebeln. Direkt daneben ragt der spitze Turm der Frauenkirche empor. Das Innere birgt die „Schöne Madonna" als kostbarsten Schatz der im 18. Jahrhundert barock ausgestalteten Kirche.

Im Heimatmuseum in der parallel zum Marktplatz verlaufenden Herrengasse ist eine bedeutende Sammlung an Möbeln des 15. bis 19. Jahrhunderts untergebracht. Hier hat sich auch das Restaurant Herrenhaus etabliert, in dem man stilvoll und genüsslich von bodenständig bis mediterran speisen kann.

Informationen:

Museum Wasserburg, Herrengasse 15, 83512 Wasserburg a. Inn, Tel.: 08071 925290, www.museum.wasserburg.de

Restaurant Herrenhaus, Herrengasse 17, 83512 Wasserburg a. Inn, Tel.: 08071 5971170, www.restaurant-herrenhaus.de

Die Wasserburger Häuserzeile entlang des Inns

Bildnachweis

© Bayerische Schlösserverwaltung / Konrad Rainer, Salzburg: S. 28
© Bayerische Schlösserverwaltung / Kretzmer: S. 127
© Bayerische Schlösserverwaltung Rainer Herrmann / Markus Traub, München: S. 29
© f9photos – iStockphoto.com: S. 96
© Gut Ising: S. 77, 78
© Hans Hillewaert / Lizenz: CC-BY-SA-4.0: S. 44
© www.chiemsee-summer.de: S. 126
Adelholzener Alpenquellen GmbH: S. 92
AIB-KUR GmbH: S. 175
Alfred Dufter: S. 85
Andrea Wieshuber: S. 60
Anton Hötzelsperger: S. 142, 143
Archiv Chiemsee-Schifffahrt: S. 15
Archiv der Wendelsteinbahn GmbH: S. 165
Archiv Holzknechtmuseum Ruhpolding: S. 102
BaumoosAlm AS: S. 154, 155
Berggasthof Hotel Duftbräu: S. 139
Bergwanderschule Oberaudorf Kiefersfelden: S. 152
Bräustüberl Daumburg: S. 60
Café Winklstüberl: S. 167 (rechts)
Camba Bavaria GmbH: S. 56, 57
Christel Hacker: S. 62
Cristian Dirva - www.winklmoosalm.com: S. 107
Dr. Horst Zeitler: S. 41
Edelbrandmanufaktur Guggenbichler: S. 134
EFA-Museum für Deutsche Automobilgeschichte: S. 49
Esterer Hof, Familie Ober: S. 63, 64
Estermann Event & Abenteuer GmbH: S. 20
Familie Astl: S. 160, 161
Foto Stocklauser: S. 110
Freizeitpark Ruhpolding: S. 105
Gasthof „Alter Wirt": S. 129
Gemeinde Altenmarkt a. d. Alz: S. 66
Gemeinde Edling: S. 186
Gemeinde Halfing: S. 48

Bildnachweis

Gocklwirt: S. 177
H. Reiter: S. 136, 137, 144, 145
Heimatbühne Seeon, Christa Stifter: S. 61
Hotel Gasthof Hörterer – Der Hammerwirt: S. 90
Hotel-Gasthof Schloßwirt, Stephanie Schmidt: S. 163
Inzeller Touristik GmbH www.inzell.de: S. 98
Jens Wagner, Museumsverein Müllner-Peter von Sachrang e.V.: S. 147
John Harrison / Lizenz: CC-BY-SA-3.0: S. 24
Josef Niederbuchner: S. 86
Klaus G. Förg, Rosenheim: S. 2, 4, 10/11, 14, 18, 21, 22, 23, 25, 26, 32, 33, 35, 36, 37, 39, 40, 43, 45, 46, 50, 55, 59, 65, 67, 69, 70, 71, 75, 79, 82, 84, 91, 93, 95, 97, 99, 106, 112, 114, 118, 121, 125, 128, 130, 132, 135, 138, 141, 146, 148, 149, 153, 158, 162, 164, 168, 174, 176, 178, 179, 180, 181, 182, 183, 184, 185, 187, 188
Kurt Schubert: S. 42
Kur- und Gästeinformation Bad Feilnbach: S. 169, 170
Landgasthof Griessee: S. 51, 53
Landgasthof Schalchenhof: S. 34
Luftbildservice Berghammer: S. 73
Maier: S. 74
Märchen-Erlebnispark Marquartstein: S. 119
Maximilian Czelinski: S. 133
Museum Glockenschmiede Ruhpolding: S. 100
Museumsverein Torfbahnhof Rottau e.V.: S. 122
Naturkunde- und Mammut-Museum Siegsdorf: S. 89
Opernfestival Gut Immling: S. 47
Paul Mayall: S. 30
Peter Schlecker: S. 140
PRIENAVERA Erlebnisbad: S. 19
Priener Tourismus GmbH: S. 16
Rachlalm: S. 123
Regine Wistup: S. 166
Rufus46 / Lizenz: CC-BY-SA-3.0: S. 167 (links), 173
Ruhpolding Tourismus GmbH / Andreas Plenk: S. 103, 104
Ruhpolding Tourismus GmbH: S. 101
Sayaq Adventures: S. 108
Schlosswirtschaft Wildenwart: S. 131
Sepp Niederbuchner: S. 80

Bildnachweis

Stadt Traunstein: S. 83
Stadtmuseum Trostberg: S. 72
Tanja Ghirardini: S. 88
Tourismusverbund Bergen-Siegsdorf: S. 87
Tourist Information Siegsdorf: S. 94
Touristik-Information Schleching: S. 111, 113, 115, 116, 117
Tourist-Info Chieming: S. 81
Touristinfo Nußdorf am Inn: S. 156, 157, 159
Tourist-Information Breitbrunn am Chiemsee, Tschali Wastl: S. 38
Tourist-Information Marquartstein: S. 120
Tourist-Information Oberaudorf: S. 150, 151
Tourist-Information Obing: S. 52
Tourist-Information Reit im Winkl, Foto Norbert Eisele-Hein: S. 109
Wachinger Hof, Familie Eder: S. 172

Dieses Buch ist sorgfältig erarbeitet worden.
Dennoch können Verfasser und Verlag keine juristische Gewähr
für die Richtigkeit der gemachten Angaben übernehmen.
Die Informationen in diesem Buch entsprechen dem Redaktionsstand
bei Drucklegung. Bitte beachten Sie, dass sich bei manchen der beschriebenen
Sachverhalte unter Umständen kurzfristig Änderungen ergeben können.
Für eventuelle Schäden, die dem Benutzer durch die Befolgung der Ratschläge in
diesem Buch entstehen, kann keine Haftung übernommen werden.

Die Fotos auf der Buchvorder- und Buchrückseite
stammen von Klaus G. Förg.

Das Titelbild eröffnet einen Blick auf den Chiemsee über Rimsting,
die Buchrückseite zeigt Kloster Seeon.
Seite 2: Die Insel Frauenchiemsee lockt jährlich Tausende Besucher an.
Seite 4: Die Tiroler Achen wie gemalt
Seiten 10 und 11: Die malerische Eggstätter Seenplatte

Abdruck der Panoramakarte auf der Klappe mit freundlicher
Genehmigung des Alpenverlags, München

© 2015 Rosenheimer Verlagshaus GmbH & Co. KG, Rosenheim

Lektorat: Maria Guntermann, München
Satz und Layout: SF-Design GmbH, Stefan Felder, Rosenheim
Bildbearbeitung: Fotoweitblick, Bad Aibling
Druck und Bindung: Graspo Zlin
Printed in Czech Republic

ISBN 978-3-475-54429-3